FORMES ET MODES

*Le costume à Montréal
au XIXe siècle*

•

FORM AND FASHION

*Nineteenth-Century
Montreal Dress*

Jacqueline Beaudoin-Ross

MUSÉE McCORD
D'HISTOIRE CANADIENNE

McCORD MUSEUM
OF CANADIAN HISTORY

A u nom des administrateurs du Musée McCord d'histoire canadienne, j'aimerais rendre un hommage tout particulier à La Fondation de la famille J. W. McConnell pour son appui exceptionnel et sa grande générosité, qui ont permis l'agrandissement et la rénovation du Musée McCord. Je tiens également à remercier l'Université McGill pour sa collaboration de longue date et pour l'attribution au McCord de sa première résidence permanente, l'ancien Centre universitaire de McGill.

Luke Rombout, C.M.
Directeur général

O n behalf of the Trustees of the McCord Museum of Canadian History, I would like to pay special tribute to The J. W. McConnell Family Foundation for its outstanding support and generous donation, which have made possible the renovation and expansion of the McCord Museum, and to McGill University for its collaboration over the years and for having provided the Museum with its first permanent home, formerly the McGill University Union.

Luke Rombout, C.M.
Executive Director

Exposition et publication inaugurales marquant la réouverture du Musée McCord d'histoire canadienne.

Mai 1992

An inaugural exhibition and publication marking the reopening of the McCord Museum of Canadian History.

May 1992

Ministre des Communications Minister of Communications

CANADA

Message de l'honorable Perrin Beatty
Ministre des Communications

Message from the Honourable Perrin Beatty
Minister of Communications

A lors qu'en 1992, Montréal célèbre le 350ᵉ anniversaire de sa fondation, il est tout à fait approprié que le Musée McCord d'histoire canadienne ouvre de nouveau ses portes à un public de plus en plus sensibilisé à la valeur de son patrimoine.

Depuis toujours vouée à la sauvegarde des témoignages de l'histoire de notre pays, cette institution occupe maintenant une place spéciale dans le réseau muséal canadien. Ses collections témoignent de façon saisissante de la vie quotidienne au siècle dernier, époque qui a marqué profondément l'histoire canadienne et le devenir de la ville de Montréal.

La collection décrite dans cette publication est le résultat du dévouement, de l'acharnement et de l'engagement du personnel, des bénévoles et des mécènes qui se sont attachés au Musée McCord au fil des ans. Nous devons tous beaucoup à l'Université McGill et à ces hommes et ces femmes qui ont assuré le développement du Musée au prix d'efforts constamment renouvelés. Grâce à eux, les Canadiens et les Canadiennes d'aujourd'hui ainsi que les générations à venir auront plaisir à découvrir leurs origines et à acquérir une meilleure compréhension de leur riche patrimoine.

Je suis heureux que le ministère des Communications du Canada ait pu contribuer à cette publication.

W hen, in 1992, Montreal celebrates the 350th anniversary of its founding, it is quite appropriate that the McCord Museum of Canadian History opens its doors once again to a public which is eager to learn about its heritage.

Throughout its existence, this institution has been committed to preserving Canada's history. Its historical resources now occupy a special place in Canada's network of museums. The collections, most of which were created during the second half of the nineteenth century, bear striking witness to this key period in Canadian history and to the vitality of Montreal.

The collection described in this publication testifies to the dedication, the determination and commitment of the staff, volunteers and donors who have been associated with the McCord Museum throughout its history. We are indebted to McGill University and these men and women whose determined efforts have ensured the museum's development. Because of them, Canadians and future generations will be able to appreciate their past and gain a deeper knowledge of this country's rich heritage.

I am pleased that the Department of Communications of Canada has been able to support this publication.

Perrin Beatty

La réalisation de cette publication a été rendue possible grâce à l'aide financière du ministère des Communications du Canada.

We thank the Department of Communications of Canada for its financial assistance in the production of this publication.

Ce catalogue a été publié à l'occasion de l'exposition *Formes et modes: le costume à Montréal au XIXᵉ siècle,* présentée au Musée McCord d'histoire canadienne du 9 mai 1992 au 15 février 1993. L'exposition et le catalogue ont tous deux été produits par le Service des expositions du Musée McCord sous la direction d'Elizabeth H. Kennell.

Design de l'exposition : Design + Communication inc., Montréal; Tsao & McKown, Architects, New York.

Les photographies, sauf indication contraire, sont de Richard-Max Tremblay et Marilyn Aitken. Toutes les photographies Notman figurant dans ce catalogue appartiennent aux Archives photographiques Notman, Musée McCord d'histoire canadienne, et ont été tirées par Thomas Humphry, à moins d'indications contraires.

L'autorisation de photographier *L'Album de la Minerve* a été accordée par le Service des collections spéciales, Université de Montréal. L'autorisation de photographier *Canadian News Illustrated* et *The New Dominion Monthly* a été accordée par le Département des livres rares et collections spéciales, *Le Monde Illustré* par la bibliothèque McLennan et *The Montreal Museum or Journal of Literature and Arts* par la collection Lawrence Lande, toutes des bibliothèques de l'Université McGill.

Révision anglaise : Jill Corner
Traduction française : Hélène Joly
Conception graphique : Ikram Schelhot et Caroline Landry, Concept I.S.
Typographie : CompoPlus
Photogravure et impression : Groupe Litho Graphique

© Musée McCord d'histoire canadienne, 1992
Dépôt légal - 2e trimestre 1992
Bibliothèque nationale du Québec
Bibliothèque nationale du Canada
ISBN 1-895615-00-3

Musée McCord d'histoire canadienne
690, rue Sherbrooke ouest
Montréal, Québec
H3A 1E9

Imprimé au Canada

Couverture : cat. 10

This catalogue was published on the occasion of the exhibition *Form and Fashion: Nineteenth-Century Montreal Dress* presented at the McCord Museum of Canadian History from May 9, 1992 to February 15, 1993. The catalogue and exhibition were both produced by the Exhibition Services of the McCord Museum under the direction of Elizabeth H. Kennell.

Exhibition design: Design + Communication Inc., Montréal; Tsao & McKown, Architects, New York.

The photographs were taken by Richard-Max Tremblay and Marilyn Aitken except where otherwise indicated. All Notman photographs in this catalogue belong to the Notman Photographic Archives, McCord Museum of Canadian History, and were printed by Thomas Humphry, unless otherwise indicated.

Permission to photograph *L'Album de la Minerve* was granted by the Service des collections spéciales, Université de Montréal. Permission to photograph the *Canadian Illustrated News* and *The New Dominion Monthly* was granted by the Department of Rare Books and Special Collections, *Le monde illustré* by the McLennan Library and *The Montreal Museum or Journal of Literature and Arts* by the Lawrence Lande Collection, all of McGill University.

English revision: Jill Corner
French translation: Hélène Joly
Design: Ikram Schelhot and Caroline Landry, Concept I.S.
Typesetting: CompoPlus
Photolithography and printing: Groupe Litho Graphique

© McCord Museum of Canadian History, 1992
Legal Deposit - 2nd quarter 1992
Bibliothèque nationale du Québec
National Library of Canada
ISBN 1-895615-00-3

McCord Museum of Canadian History
690 Sherbrooke Street West
Montreal, Québec
H3A 1E9

Printed in Canada

Cover: cat. 10

Sommaire

Préface   10

Remerciements   12

Introduction   14

Catalogue   16

Essais

I.   48
Perspective historique

II.   50
Évolution :
une dynamique interne

III.   56
Photographies Notman :
la dynamique d'une manche

IV.   68
Le goût collectif :
les gravures de mode et les endroits chic de Montréal

Épilogue   86

Annexes   88

Glossaire   93

Bibliographie choisie   95

Contents

Preface   11

Acknowledgements   13

Introduction   15

Catalogue   16

Essays

I.   49
A Historical Perspective

II.   51
An Internal Dynamic of Change

III.   57
Notman Photographs:
The Dynamic of a Sleeve

IV.   69
Collective Taste:
Montreal Fashion Plates and Views

Épilogue   87

Appendices   89

Glossary   94

Selected Bibliography   95

Préface

C onstituée de matériel canadien ou d'artefacts étroitement liés au contexte canadien, la collection de costumes et de textiles du Musée McCord est unique au Canada. Commencée par la famille McCord, la collection a pris de l'ampleur et de l'importance sous Isabel Barclay Dobell, jadis directrice du Musée, et de Cynthia Eberts, anciennement conservatrice des costumes. Il importe aussi de souligner la générosité de nombreux donateurs; nous remercions dans ces pages ceux dont la contribution nous a permis d'organiser l'exposition *Formes et modes : le costume à Montréal au XIXᵉ siècle.*

Rares sont les publications consacrées au costume canadien et le présent catalogue revêt ainsi un intérêt particulier. Le Musée prévoit organiser sur le sujet une série d'expositions accompagnées de catalogues afin de présenter une plus grande partie de son importante collection très diversifiée et de promouvoir la recherche dans ce domaine fascinant.

Jacqueline Beaudoin-Ross, conservatrice des costumes et textiles, a adopté une approche tout à fait novatrice en appliquant à la mode féminine une théorie de l'évolution de la forme mise de l'avant par des historiens de l'art ou esthéticiens comme Heinrich Wöfflin, Alois Riegl et Henri Focillon. Selon cette théorie, le changement stylistique en art découle d'une dynamique interne inhérente à l'oeuvre d'art même. Certains de nos plus beaux vêtements féminins de l'ère victorienne sont présentés en une suite qui démontre que l'évolution de la forme dans la mode est aussi grandement influencée par le goût collectif qui à son tour s'inspire des gravures de mode. Des documents confirment que Montréal était déjà, il y a un siècle, l'une des capitales de la mode en Amérique du Nord. Mentionnons également qu'il s'agit de la première fois qu'une même publication réunit deux des collections du Musée, Costumes et textiles et Archives photographiques Notman, afin de créer pour une exposition un profil visuel cohérent.

Je tiens à exprimer ma reconnaissance à Jacqueline Beaudoin-Ross dont la sensibilité et l'intuition ont été à la source de cette exposition et du catalogue qui l'accompagne. Son attention et son savoir ont apporté une nouvelle dimension au sujet discuté.

Enfin, je remercie tous les membres du personnel qui ont collaboré avec la conservatrice pour faire de cette exposition inaugurale une réalité.

Luke Rombout, C.M.
Directeur général   Mai 1992

Preface

T he McCord Museum's collection of costume and textiles is unique in Canada in focusing on Canadian material or artifacts identified as particularly relevant to the Canadian context. The collection, started by the McCord family, grew in scope and significance under the aegis of Isabel Barclay Dobell, one-time Director of the Museum, and Mrs. Cynthia Eberts, the former Curator of Costume, and through the generosity of many donors. Those whose contribution made possible the exhibition *Form and Fashion: Nineteenth-Century Montreal Dress* are acknowledged in these pages.

This catalogue is unusual in that we rarely see publications devoted to Canadian costume. The Museum intends to mount a series of exhibitions on this subject with accompanying catalogues, in order to display more of its richly diverse and important holdings and also to contribute further to scholarly research in this fascinating field.

Jacqueline Beaudoin-Ross, Curator of Costume and Textiles, has broken new ground in applying to women's fashions a theory of the evolution of form pioneered by such art historians or aestheticians as Heinrich Wöfflin, Alois Riegl and Henri Focillon, which suggests that stylistic change in art springs from an internal dynamic in the art work itself. Some of the Museum's finest examples of Victorian feminine costume are presented in a sequence demonstrating that the evolution of fashionable form is also strongly influenced by collective taste which in turn is affected by published fashion plates. The corroborative documentation indicates that Montreal was already one of the fashion capitals of North America a century ago. This publication also marks the first time that two of the McCord's collections, Costume and Textiles and the Notman Photographic Archives, have been used in tandem to create a coherent visual profile for an exhibition.

I extend my appreciation to Jacqueline Beaudoin-Ross, whose sensitivity and insight were responsible for the exhibition and accompanying catalogue. Her care and knowledge have given a truly new dimension to the material discussed.

I thank all our staff members who assisted the Curator in making this inaugural exhibit a reality.

Luke Rombout, C.M.
Executive Director   May 1992

Remerciements

L a rédaction de la présente monographie a été grandement facilitée par le concours des personnes suivantes qui nous ont généreusement fait bénéficier de leur temps, de leurs conseils et de leur compétence : Marie Baboyant, Salle Gagnon, Bibliothèque municipale, Montréal; Jill Erickson, Library of the Boston Atheneum, Boston; Rosemary Haddad, Centre Canadien d'Architecture, Montréal; Eva Burnham, restauratrice des textiles, Institut canadien de conservation, Ottawa, maintenant au Musée McCord d'histoire canadienne; Eileen Collard, Alexandra Palmer et Nancy Rexford, conseillères en costumes; Gail Cariou et Ruth Mills, Service canadien des parcs, Ottawa; Jean-Michel Tuchscherer, conservateur invité, Château Dufresne, Le Musée des arts décoratifs; Nellie Reese, Collection Lawrence Lande, Gary Tynski et Richard Virr, Département des livres rares et collections spéciales, Bibliothèques de l'Université McGill, Montréal; Jean L. Druesedow, Robert C. Kaufman et Carole Rathore, The Metropolitan Museum of Art, New York; Micheline Moisan, Musée des beaux-arts de Montréal, Montréal; Elizabeth Ann Coleman, conservatrice des textiles et costumes, The Museum of Fine Arts, Houston; Gilbert Gignac et Joan Schwartz, Archives nationales du Canada, Ottawa; James Borcoman, Hazel Mackenzie et Maija Vilcins, Musée des beaux-arts du Canada, Ottawa; Roger Taylor, National Museum of Photography, Bradford, Angleterre; Dilys Blum, Philadelphia Art Museum, Philadelphie; Sharon Little-Raguisch, Centre de conservation du Québec, Québec; Mary Allodi et Edith Starinck, Musée royal de l'Ontario, Toronto; Shelly Foote et Carol Kregloh, Smithsonian Institution, Washington; Geneviève Bazin et Marie-Marthe Boucher, Service des collections spéciales, Université de Montréal, Montréal; Howard Batho et Eva White, Victoria and Albert Museum, Londres, Angleterre.

Nous tenons également à souligner la contribution des bénévoles du département de Costumes et textiles du Musée McCord d'histoire canadienne et nous les remercions de leur dévouement et de leur dynamisme. Des remerciements particuliers à Carol Kouri, Sheila Petts, Armgard Stanger et Edna Wootan.

La collaboration, les encouragements et l'appui du personnel du Musée McCord ont beaucoup facilité l'organisation de l'exposition et la production du catalogue qui l'accompagne. Nos remerciements à Elizabeth Kennell, chef du Service des expositions; France Gascon, conservatrice en chef/conservatrice Peintures, estampes et dessins; Elizabeth Sifton et Sheilagh Whitehead, assistantes à la recherche; Stanley Triggs, conservateur des Archives photographiques Notman, ainsi qu'à Thomas G. Humphrey, Nora Hague et Heather McNabb; Conrad Graham, conservateur de la Collection des arts décoratifs, Pamela Miller, conservatrice des archives; Nicole Vallières, archiviste des collections; et Lise-Anne Mamet pour la préparation des costumes, pour le sens artistique et créatif avec lesquels elle a monté les vêtements, et pour la conception et l'exécution des perruques en papier. Enfin, Germaine Germain-Leroux, Joanne Orsini-Rabassa et Francine Lemieux nous ont apporté une aide précieuse dans la dactylographie du manuscrit.

Calvin Tsao et Gary Morgenthaler, de la firme Tsao and McKown, Architects, P. C., New York, ont conçu l'aménagement de l'aire d'exposition et participé, avec Goldsmith Inc., à la création d'une nouvelle tête de mannequin permettant au Musée McCord de présenter sa collection de costumes de manière tout à fait novatrice. Le texte a été révisé par Jill Corner et traduit par Hélène Joly. Ikram Schelhot a assuré la conception graphique du catalogue et Marilyn Aitken et Richard-Max Tremblay ont réalisé les photographies.

Nous aimerions également remercier les donateurs des costumes, sans lesquels cette exposition n'aurait pu voir le jour. Nous ne saurions trop les féliciter de l'intuition qui les a incités à conserver ces artefacts pour le plaisir et l'édification des générations futures.

J'aimerais remercier en dernier lieu feu mon époux Ian dont les encouragements soutenus et la grande compréhension ont contribué à la conception et à la réalisation de cette publication.

J. B. R.

Acknowledgements

T his monograph has greatly benefited from the time, advice and expertise generously contributed by the following individuals: Marie Baboyant, Salle Gagnon, Bibliothèque municipale, Montreal; Jill Erickson, the Library of the Boston Atheneum, Boston; Rosemary Haddad, Canadian Centre for Architecture, Montreal; Eva Burnham, Textile Conservator, Canadian Conservation Institute, Ottawa, now at the McCord Museum of Canadian History; Eileen Collard, Alexandra Palmer and Nancy Rexford, Costume Consultants; Gail Cariou and Ruth Mills, Canadian Parks Service, Ottawa; Jean-Michel Tuchscherer, Guest Curator, Château Dufresne, Le Musée des arts décoratifs; Nellie Reese, Lawrence Lande Collection, Gary Tynski and Richard Virr, Department of Rare Books and Special Collections, McGill University Libraries, Montreal; Jean L. Druesedow, Robert C. Kaufman and Carol Rathore, The Metropolitan Museum of Art, New York City; Micheline Moisan, Montreal Museum of Fine Arts, Montreal; Elizabeth Ann Coleman, Curator, Textiles and Costume, The Museum of Fine Arts, Houston; Gilbert Gignac and Joan Schwartz, National Archives of Canada, Ottawa; James Borcoman, Hazel Mackenzie and Maija Vilcins, National Gallery of Canada, Ottawa; Roger Taylor, National Museum of Photography, Bradford, England; Dilys Blum, Philadelphia Art Museum, Philadelphia; Sharon Little-Raguisch, Centre de conservation du Québec, Quebec City; Mary Allodi and Edith Starinck, Royal Ontario Museum, Toronto; Shelly Foote and Carol Kregloh, Smithsonian Institution, Washington; Geneviève Bazin and Marie-Marthe Boucher, Service des collections spéciales, Université de Montréal, Montreal; and Howard Batho and Eva White, the Victoria and Albert Museum, London, England.

The contribution of the dedicated and energetic volunteers of the Costume and Textile Department at the McCord is also gratefully acknowledged. Special thanks are due to Carol Kouri, Sheila Petts, Armgard Stanger and Edna Wootan.

A significant factor in the production of the exhibition and accompanying monograph has been the assistance, encouragement and support of McCord Museum staff; Elizabeth Kennell, Head of Exhibition Services; France Gascon, Chief Curator/Curator of Paintings, Prints and Drawings; Elizabeth Sifton and Sheilagh Whitehead, Research Assistants; Stanley Triggs, Curator of the Notman Photographic Archives, as well as Thomas G. Humphrey,

Nora Hague and Heather McNabb; Conrad Graham, Curator of Decorative Art Collections; Pamela Miller, Curator of Archival Collections; Nicole Vallières, Registrar; and Lise–Anne Mamet for the preparation of costumes for display, her artistic and creative mounting of dress, and the design and execution of the paper wigs. Germaine Germain-Leroux, Joanne Orsini-Rabassa and Francine Lemieux were most helpful in the typing of the manuscript.

Calvin Tsao and Gary Morgenthaler of Tsao and McKown, Architects, P.C., New York City, designed the exhibition space. They also collaborated with Goldsmith Inc. on the execution of a new McCord Museum mannequin head, in order to create a new look for costume displays at the McCord. The text was revised by Jill Corner and translated by Hélène Joly. Ikram Schelhot designed the exhibition catalogue, and Marilyn Aitken and Richard Max-Tremblay were responsible for the photography.

We would also like to thank the donors of the costumes, without whom this exhibition would not have been possible. Their foresight in conserving these artifacts for the enjoyment and enlightenment of future generations is to be commended and deeply admired.

My final thanks go to my late husband, Ian, whose everlasting encouragement and understanding contributed towards the genesis and completion of this publication.

J. B. R.

Introduction

L a collection de costumes du Musée McCord est la plus importante au Québec et se situe au deuxième rang seulement à l'échelle du Canada, après celle du Musée royal de l'Ontario. Elle se compose uniquement de pièces portées ou fabriquées au Canada et le vêtement montréalais y occupe une place prépondérante[1]. Elle est particulièrement remarquable en ce qui a trait au costume féminin en vogue au siècle dernier. Les portraits réalisés au dix-neuvième siècle dans l'atelier montréalais de photographie de William Notman viennent l'enrichir de façon incommensurable. Les plus anciennes des photographies datées remontent à 1861. Cette collection photographique, propriété du Musée, représente une ressource inestimable pour l'étude de la mode vestimentaire en Occident[2].

La sélection des toilettes présentées dans l'exposition *Formes et modes* illustre principalement l'évolution de la forme dans la mode, c'est-à-dire de la ligne ou de la silhouette au dix-neuvième siècle, où le phénomène fut particulièrement remarquable. Ce n'est en effet qu'à cette époque que le rythme des changements imposés par la mode fut suffisamment rapide pour produire une grande variété de silhouettes intéressantes, souvent spectaculaires et ce, sur moins d'un siècle.

La vitesse croissante à laquelle ces changements se produisaient était reliée à l'apparition d'une nouvelle société de consommation constituée de bourgeois cherchant, par leur tenue vestimentaire, à se distinguer des moins fortunés et à assurer leur position. Sont également à l'origine des caprices de la mode la vente de plus en plus répandue de vêtements fabriqués en série et l'amélioration générale des communications, incluant la prolifération de gravures et de chroniques de mode dans les magazines et les journaux.

Plutôt que de suivre les sentiers battus et retracer d'un point de vue historique la transformation constante de la silhouette durant cette période, la présente publication fait ressortir certains des principes qui ont gouverné cette évolution et étudie notamment la théorie de la dynamique interne du changement de la forme dans la mode. La forme pouvant être examinée sous un angle similaire dans le domaine de la mode et dans celui des arts visuels, une méthode analytique analogue à celle utilisée en histoire de l'art a été employée.

La dynamique interne du changement de la forme dans la mode ne nous semble pas se produire de manière totalement indépendante. Le goût collectif de l'époque peut l'orienter. La collectivité est avertie des changements de diverses manières : gravures, chroniques de mode ou, de façon plus directe, élégantes tenues vestimentaires exhibées par les gens à la mode dans de nombreux endroits publics. Notre étude conclut sur un bref examen de certains aspects des gravures et des chroniques de mode publiées à Montréal à cette époque et donne une description des endroits chic de la ville.

Au dix-neuvième siècle en Occident, l'essence même de la mode était son évolution constante. Dans son numéro du 30 septembre 1893 (p. 798), le magazine féminin new-yorkais *Harper's Bazar* résumait le phénomène en ces termes : « L'œil approuve ce à quoi il est habitué et quelques mois suffisent pour que lui déplaise ce qui lui semblait auparavant tout à fait charmant. »

---

[1] La collection de costumes du Musée McCord d'histoire canadienne a traditionnellement été constituée de vêtements fabriqués ou portés au Canada. On y retrouve cependant quelques vêtements d'origine non canadienne, habituellement américaine. Il est souvent très difficile d'établir l'historique des costumes ou d'en déterminer la provenance avec certitude.

[2] Les Archives photographiques Notman du Musée McCord d'histoire canadienne se sont révélées particulièrement utiles pour la datation des costumes exposés, tout comme l'ont été les gravures de mode des collections du Musée McCord, du Metropolitan Museum of Art et de la Smithsonian Institution. Entrent également en considération le tissu, la couleur, les ornements, la coupe, l'assemblage et la ligne. La datation du costume du dix-neuvième siècle reste néanmoins difficile puisque l'on n'en connaît habituellement ni le créateur, ni le propriétaire. La comparaison avec des vêtements dont l'historique est connue est utile mais problématique en raison de leur rareté et de leur dispersion. La majorité des costumes présentés dans cette exposition ont donc été datés de manière approximative.

Introduction

T|he McCord Museum's Costume Collection is the largest in Quebec, and second in Canada only to that of the Royal Ontario Museum. It is uniquely Canadian and focuses mainly on Montreal attire:[1] one of its strengths is in the area of fashionable nineteenth-century feminine dress. Enriching it immeasurably is the Museum's deposit of dated nineteenth-century portrait photographs from the Montreal studio of William Notman. The earliest of these dated examples were executed in 1861; this photographic collection is introduced as a rich resource for the study of fashionable Western dress.[2]

Through selected examples of feminine costume, the exhibition *Form and Fashion* will concentrate on the evolution of fashionable shape, otherwise known as form or silhouette, during the nineteenth century. The phenomenon is especially interesting during this period. It was only in the nineteenth century that the tempo of this type of modish change was speedy enough to produce a wide variety of interesting, often spectacular, silhouettes within one century.

This increasing momentum of change was linked to the newly evolving consumer-oriented bourgeois society of the period - its members' desire to distinguish themselves through fashion from others less fortunate and to feel reassured of their position. Also influential in fluctuations of fashion was the growing availability of mass-produced clothing, and the general improvement in communications, including the proliferation of the fashion plate and fashion news in journals and newspapers.

Instead of tracing the constant variation in silhouette during the period through a historical perspective, a path already well-trodden, this text focuses on selected principles that govern this evolution. These include an examination of the theory of the internal dynamic of change in fashionable form. Since form in fashion may be viewed at times in a manner similar to that employed in the visual arts, analogies are made to a like approach in art history.

The internal dynamic of change in fashionable form is not seen to act totally in isolation. The collective taste of the time can give it direction. This collectivity is informed in a number of ways, such as through fashion plates and fashion news; also through stylish clothing which is seen in a wide variety of public arenas. The study concludes with an overview of some aspects of selected fashion plates and news available in Montreal at this time, and also of depictions of the city's fashionable venues.

The essence of fashion in the nineteenth-century Western world was its constant fluctuation. As the New York ladies' journal *Harper's Bazar* of September 30, 1893 (p. 798) remarked, "The eye approves that to which it is accustomed, and it takes only the lapse of a few months to make that displeasing which was originally charming."

[1] Traditionally, the McCord Museum of Canadian History has collected costume not only made but also worn in Canada. This accounts for the acquisition of a small number of dresses from non-Canadian sources, usually American. Establishing provenance precisely is often difficult, as is ascertaining the origin of a costume.

[2] The Notman Photographic Archives in the McCord Museum of Canadian History have been particularly useful in dating the costumes selected for this exhibition, as have the fashion plates consulted from the collections of the McCord Museum of Canadian History, The Metropolitan Museum of Art and the Smithsonian Institution. Other considerations are those of fabric, colour, ornamentation, cut and construction, together with the silhouette. Nevertheless, the dating of nineteenth-century costume is not easy, since anonymity usually surrounds its creation and wear. Comparison with other examples of dress with a fixed provenance is useful but problematic because of the rarity of these items and their disparate geographical locations. Therefore, most of the costumes included in this exhibition have been given approximate dates.

1
Robe d'été

Vers 1810-1814
Mousseline blanche brodée de coton blanc entièrement couverte d'un délicat motif de ramille et de gerbes de blé réalisé au point de tige et au point passé empiétant
Don de Mlle M. C. Gould
M15300

HISTORIQUE
Famille De Witt, ville de Québec; Mlle M. C. Gould, Montréal, jusqu'en 1931.

EXPOSITIONS
Montréal, Musée McCord, 15 mai – 27 octobre 1975; Montréal, Musée McCord, 18 janvier – 11 décembre 1979.

D e la fin du dix-huitième siècle à la première décennie du dix-neuvième, on note un certain intérêt pour les formes classiques qui, dans le vêtement, se traduit par un engouement pour les lignes verticales évoquant des colonnes. Un ruban, inséré dans une coulisse sur le décolleté en carré, permet d'ajuster ce devant ce corsage non baleiné à taille haute et des rubans coulissants à l'encolure et à la taille ferment la robe dans le dos. Les très longues manches bouffantes sont pourvues d'une étroite bretelle et bordées d'un volant. Un mince entre-deux horizontal de broderie blanche se trouve sous le bouffant. La jupe droite, froncée à l'arrière, s'ajuste sans plis au corsage sur le devant. La ligne d'ourlet est bordée de boucles de coton blanc crochetées. (La sous-jupe est une reproduction.)

À compter de la deuxième décennie du dix-neuvième siècle, on utilise plus facilement des rubans coulissants à la place de cordonnets pour ajuster le corsage, comme c'est le cas ici. Vers 1815, la ligne de la jupe change et s'évase.

Une gravure de mode publiée à droite dans le numéro du 10 février 1810 (n.p.) de la publication *The Lady's Monthly Museum; or Polite Repository of Amusement and Instruction: Being an Assemblage of Whatever Can Tend to Please the Fancy, Interest the Mind, or Exalt the Character of the British Fair* (fig. 1) présente une robe semblable de satin blanc avec manches excessivement longues. La tombée de la jupe et la place de la taille de la robe de jaconas blanche à gauche rappellent celles de la robe du Musée McCord. Tout indique que cette publication, et d'autres journaux semblables, étaient distribués à Montréal à cette époque[1]. Dans le numéro du 29 avril 1805 de *The Montreal Gazette. La Gazette de Montréal,* la couturière, M. Savage, annonce qu'«elle recevra de Londres, par l'arrivée du printemps, les dernières tendances de la mode que lui fera parvenir sa sœur, Mme Bailey, qui habite au 3 Hollis Street, Cavendish Square et œuvre dans le domaine de la mode depuis plusieurs années sous le patronage de la famille royale ».

[1] Voir Section IV, p. 70.

1
Summer Dress

About 1810-1814
White muslin floss-embroidered in white cotton with a delicate all-over design of sprigs and sheaves of wheat in stem stitch and long and short stitch
Gift of Miss M. C. Gould
M15300

PROVENANCE
De Witt family, Quebec City; M. C. Gould, Montreal, until 1931.

EXHIBITIONS
Montreal, McCord Museum, May 15 – October 27, 1975; Montreal, McCord Museum, January 18 – December 11, 1979.

F rom the end of the eighteenth century into the first decade of the nineteenth, an interest in classical art forms revealed itself through an emphasis on vertical column-like lines in dress. The fit of the unboned high-waisted bodice in the front is controlled by a draw-tape in a casing at the square neckline. The back closure is controlled by draw-tapes at neckline and waist. The extra long sleeves have a narrow shoulder strap, are puffed and end with a flounce; under the puff is a narrow horizontal insertion of whitework embroidery. The straight-cut skirt is fitted smoothly to the bodice in front, but is gathered to it in back. The hemline is trimmed with crocheted loops in white cotton. (The under-dress is a reproduction.)

Beginning with the second decade of the nineteenth century, draw-tapes instead of drawstrings were often used as bodice adjustment devices, as here. The cut of the skirt changed from about 1815 on, when flaring began to predominate.

A gown in white satin with a similarly cut over-long sleeve appears to the right in a fashion plate in the February 10, 1810 (n.p.) issue of *The Lady's Monthly Museum; or Polite Repository of Amusement and Instruction: Being an Assemblage of Whatever Can Tend to Please the Fancy, Interest the Mind, or Exalt the Character of the British Fair* (fig. 1): the fall of the skirt and the position of the waistline in the white jaconet muslin dress to the left bear a resemblance to those in the McCord example. Evidence indicates that this publication, and probably other similar literature, was available in Montreal at the time.[1] In the April 29, 1805 issue of *The Montreal Gazette.La Gazette de Montréal,* the mantua maker, M. Savage, announced that "She will receive from London per the Spring fleet, the fashion from Mrs. Bailey, her Sister, at No. 3, Hollis Street, Cavendish Square, who has been patronized for some years past in the same line of business by the Royal family".

[1] See Section IV, p. 73.

Fig. 1
The Lady's Monthly Museum...,
Londres, 10 février 1810.
London, February 10, 1810.

2
Robe du soir

Vers 1815-1820
Sarcenet jaune, dentelle aux fuseaux écrue faite main, perles
Don de Mme H. S. LeMoyne
M982.20.1

PORTÉE PAR
Mlle Rachel Dennison d'Albany, New York, avant son mariage avec Charles Elliot, ministre des Postes et Télécommunications des États-Unis, au début du dix-neuvième siècle.

HISTORIQUE
Mme H. S. LeMoyne, Montréal, jusqu'en 1982.

 La nouveauté la plus frappante de cette robe est la jupe : légèrement évasée à godets obliques et tirant latéralement vers l'arrière.

La jupe est montée sans plis à la taille sur le devant, mais par de légères fronces à l'arrière. L'encolure du petit corsage est froncée à l'avant et à l'arrière par des rubans coulissants. Dans le dos, la fermeture est pourvue d'un autre ruban qui assure l'ajustement de la taille haute. Le devant du corsage, de même que les courtes manches légèrement bouffantes, sont joliment décorés de blonde, dentelle aux fuseaux faite main, et de chenille à petits motifs floraux perlés aux lignes ondoyantes réalisés au point de tige et au point feuille. La dentelle a été appliquée par la méthode française de l'entre-deux. On retrouve à l'arrière de chaque manche une petite applique en forme de feuille faite de perles assorties. Une étroite bande de dentelle aux fuseaux faite main, de type torchon, décorée des mêmes perles et ayant peut-être été ajoutée ultérieurement, borde le bas de la robe[1].

Vers 1813, certaines jupes commencent à s'évaser de façon semblable à celle de notre modèle, et cette ligne se généralise deux ans plus tard. Dans les gravures publiées vers 1815 et après, les ornements se font de plus en plus nombreux, surtout près de la ligne d'ourlet, comme le montre la gravure de décembre 1815 du magazine *The Repository of Arts, Literature, Commerce, Manufactures, Fashions and Politics* (fig. 2). Mais certaines robes restent encore pratiquement dépourvues d'ornements, comme le modèle de gauche de l'illustration intitulée « Fashionable Costume for October » (Le dernier cri pour le mois d'octobre) parue dans le numéro d'octobre 1815 (n.p.) de *The Ladies' Monthly Museum* (fig. 3). C'est à partir de 1820 que les manches commencent en général à prendre de l'ampleur.

Durant la deuxième décennie du siècle, les couleurs voyantes sont monnaie courante; un jaune éclatant est particulièrement en vogue. Dans quelques-uns des premiers numéros de *The Repository of Arts, Literature, Commerce, Manufactures, Fashions and Politics* de Rudolph Ackermann, des échantillons des tissus à la mode étaient collés sur certaines pages; on trouve dans le numéro de septembre 1813 (vol. LVIII, p. opp. à la p. 178) un échantillon en soie brochée d'une couleur apparemment identique à celle de la robe du Musée McCord. Ce même volume contient des illustrations en couleurs de scènes de rue londoniennes où figurent de nombreuses toilettes de cette teinte.

---

[1] Selon Edith Starinck, la dentelle qui orne l'ourlet pourrait être un ajout car elle s'apparente à une dentelle apparue ultérieurement.

2
Evening Dress

About 1815-1820
Yellow sarcenet, hand-made ecru-coloured bobbin lace, and pearls
Gift of Mrs. H. S. LeMoyne
M982.20.1

WORN BY
Miss Rachel Dennison of Albany, New York, prior to her marriage to Charles Elliot, Postmaster General of the United States during the early nineteenth century.

PROVENANCE
Mrs. H. S. LeMoyne, Montreal, until 1982.

 The most striking new feature of this dress silhouette is the slightly flared skirt which features gores, slanting backwards, at the sides.

The skirt is set smoothly to the waist in front, but softly gathered to it in back. At the neckline the shallow bodice is gathered to casings with draw-tapes both front and back; another tape controls the high waist at the back closure. The front of the bodice and the short, slightly puffed, sleeves are embellished with hand-made bobbin lace of a blonde type and chenille embroidery of running small floral motifs in an undulating line in stem stitch and leaf stitch ornamented with pearls. The lace is applied by the French insertion method. There is a small appliquéd leaf motif in matching pearls at the back of each sleeve. A narrow band of hand-made bobbin lace of a torchon type, possibly a later addition, embellished with the same pearls, borders the hemline.[1]

Some skirts began to flare, in a manner similar to our example, around 1813, and this line became more common two years later. In dresses in fashion plates from about 1815, there was a substantial increase in dress ornamentation, especially near the hemline, as can be seen in the December 1815 fashion plate in *The Repository of Arts, Literature, Commerce, Manufactures, Fashions and Politics* (fig. 2). But there were still some dresses shown which had minimal embellishment: an example is seen in the dress worn by the figure to the left in the image entitled "Fashionable Costume for October" in the 1815 issue (n.p.) of that month of *The Ladies' Monthly Museum* (fig. 3). On the whole, sleeves began to expand from 1820 onwards.

During the second decade of the century, colours were often striking; a bright yellow was particularly popular. In some of Rudolph Ackermann's early issues of *The Repository of Arts, Literature, Commerce, Manufactures, Fashions and Politics*, small pieces of fabrics fashionable at the time were glued to some pages: in the issue of September 1813 (Volume LVIII, opp. p. 178), a figured silk sample in a colour apparently identical to that of the McCord dress is found. Coloured illustrations of London street scenes in the same volume reveal numerous female figures dressed in the same hue.

---

[1] Edith Starinck advises that the lace at the hemline may be an addition, since it is similar to that of a later date.

Fig. 2 ▸
The Repository of Arts...,
Londres, décembre 1815.
London, December 1815.
Photo: The Metropolitan Museum of Art,
Harris Brisbane Dick Fund, 1942.

Fig. 3 ▸▸
The Ladies' Monthly Museum...,
Londres, octobre 1815.
London, October 1815.
Photo: Division of Costume,
The National Museum of American History,
Smithsonian Institution.

3
Robe du soir

Vers 1823-1825
Taffetas de soie vieux rose, satin de soie beige
Don anonyme, 1970
M20555 (.1-.2)

EXPOSITIONS
Montréal, Musée McCord, 15 janvier – 15 avril 1972.

L a jupe est toujours évasée et le corsage plutôt petit, mais la manche bouffante prend maintenant de l'ampleur. Des rubans coulissants assurent l'ajustement du large décolleté carré et ferment le vêtement à l'arrière. Une jupe à godets partiels est froncée tout autour du corsage, sur lequel des appliques de bandes de satin convergent en un point central, créant une illusion de largeur faisant écho aux manches bouffantes. Des bandes de satin semblables agrémentent les poignets. Des languettes de satin donnant une impression de tridimensionnalité ornent la manche bouffante et forment une large bordure le long de la jupe. L'ourlet est renforcé par un rouleau du même satin. Toutes les garnitures, à l'exception du rouleau, sont passepoilées. La ceinture en taffetas s'attache à l'arrière; elle se termine par une rosette et des rubans de satin.

À compter de 1823, la jupe est parfois froncée à la taille, comme c'est le cas ici. Cette tendance se poursuivra pendant quelques années. D'environ 1820 à 1825, la place de la taille commence à baisser (ce détail étant souvent accentué par le port d'une ceinture fixée aux hanches) pour reprendre sa hauteur naturelle au cours des trois années suivantes. La taille relativement haute de la robe du McCord constituerait un détail stylistique rétrograde privilégiant une tendance passéiste plutôt qu'un style moderne. Au début des années vingt, la manche s'élargit peu à peu et, règle générale, prend de plus en plus d'ampleur à compter de 1825. Il existe certaines similitudes entre le modèle du McCord et ceux des gravures de mode de 1824-1825. Mentionnons à titre d'exemple (bien que la taille soit à sa position naturelle et que la jupe ne soit pas froncée) le costume d'une gravure de mode du numéro de 1825 du *Journal des Dames et des Modes* (nº 2373, New York, The Metropolitan Museum of Art, Irene Lewisohn Costume Reference Library, Woodman Thompson Collection; fig. 4).

Les Montréalaises étaient réputées aimer la danse et c'est une robe de ce genre qu'elles auraient portée. Pour se perfectionner, elles suivaient le cours de Mme Harries, de Paris, qui dirigeait une École de danse à Montréal en 1824. Dans le *Canadian Courant and Montreal Advertiser* du 8 mai 1824, Mme Harries annonce qu'elle enseigne « certains des quadrilles les plus à la mode dansés actuellement à Paris, et qui n'ont encore jamais été introduits dans cette ville ».

3
Evening Dress

About 1823-1825
Old-rose silk taffeta, beige silk satin
Anonymous gift, 1970
M20555 (.1-.2)

EXHIBITIONS
Montreal, McCord Museum, January 15 – April 15, 1972.

T he skirt still flares and the bodice remains somewhat shallow, but now there is a larger puffed sleeve.

Tape ties control the wide square neckline and back closure. A partly gored skirt is gathered to the bodice on all sides. On the bodice, appliquéd satin bands meet at a central point, creating an illusion of width echoed by the puffed sleeve. Similar satin bands are found at the wrist. Satin languettes, suggesting a third dimension, embellish the puffed sleeve and form a deep border along the skirt. The hemline is held out by a rouleau in the same satin. All the trimming, except the rouleau, is finished with self-piping. The taffeta belt fastens at the back, where it is finished with a satin rosette and streamers.

By 1823 the skirt was sometimes gathered to the waist as seen here, a trend which continued in the following years. About 1820 to 1825, the waistline started to descend (the lower position often being emphasized by the low placement of a belt) to find its natural position in the following three years. The McCord gown with its still relatively high waistline may be an example of a retrograde stylistic detail harking back to a previous trend, rather than adopting a more up-to-date one. The sleeve slowly began to enlarge in the early twenties, generally accelerating in growth from 1825 on. Some similarities exist between the McCord example and those depicted in the fashion plates from 1824-1825. As an example (although natural-waisted and with an ungathered skirt), we can cite the costume in the fashion plate from an 1825 issue of *Le Journal des Dames et des Modes* (no. 2373, New York City, The Metropolitan Museum of Art, Irene Lewisohn Costume Reference Library, the Woodman Thompson Collection; fig. 4).

Montrealers were known to enjoy dancing, for which a dress of this type would have been worn. To enable them to perfect this art, Madame Harries from Paris was operating a Dancing Academy in the city in 1824. Through the *Canadian Courant and Montreal Advertiser* of May 8, 1824, she announced the teaching of "a number of the most fashionable Quadrilles, which are now practiced in Paris, and which have never been introduced in this City".

Fig. 4
Le Journal des Dames et des Modes
(no 2373), Paris, 1825.
Photo: Costume Institute,
The Metropolitan Museum of Art.

4
Robe d'été avec pèlerine

Vers 1830-1835
Mousseline blanc cassé imprimée à la planche de larges rayures verticales alternées de motifs décoratifs havane, de motifs de coquelicots rampants et de branches de glycine en rouge et bleu sur fond pointillé
Don de Mme James Peck, 1935
M17935 (.1-.2)

HISTORIQUE
Mme James Peck, Montréal, jusqu'en 1935.

EXPOSITIONS
Montréal, Musée McCord, *Exposition inaugurale,* 5 mars – 15 juin 1971; Montréal, Musée McCord, 9 juillet 1974 – 12 février 1975; Montréal, Musée McCord, *Québec et ses environs,* 23 janvier 1976 – 1er juin 1976; Montréal, Musée McCord, *Aspects des collections permanentes du Musée McCord, 1760-1860,* 1er novembre 1977 – 13 avril 1978; Montréal, Musée McCord, *La St. Andrew's Society of Montreal: son 150e anniversaire 1835-1985,* 2 octobre 1985 – 1er octobre 1986.

L a manche a maintenant atteint une ampleur telle qu'on l'appelle manche « gigot ». Sous la pèlerine, elle est montée à fronces plats sur une emmanchure passepoilée et probablement maintenue sous la robe par des coussins bourrés de duvet fixés à chaque emmanchure par quatre cordonnets dont les extrémités se trouvent à l'intérieur de la robe. Le corsage a la large encolure ovale caractéristique des tenues de jour de cette période. Sans baleines, il est ajusté et froncé près du haut à la couture centrale perpendiculaire renforcée d'une étroite bande passepoilée de même tissu. Les pinces de buste en diagonale sur la doublure sont soulignées sur la robe par une bande semblable dont la ligne est légèrement différente, soit curviligne, et qui se prolonge jusqu'à l'emmanchure. La robe se ferme dans le dos par des agrafes en cuivre plates. Une jupe ample, montée à fronces sur une ceinture incrustée, équilibre la ligne créée par les énormes manches.

La manche, qui a continué de s'élargir durant la seconde moitié des années vingt, est à son maximum en 1830. Entre 1830 et 1835, l'ampleur s'éloigne de l'emmanchure : dans notre modèle, cet effet est atteint sous la pèlerine en aplatissant le bouffant près de l'épaule par un froncis. La manche perd son volume en 1836.

Les gravures de mode des années 1830-1835 présentent différentes manières, quoique souvent similaires, d'aplatir la partie supérieure de la manche. Mentionnons par exemple la méthode illustrée dans le numéro de juin 1832 du *Petit Courrier des Dames* (no 898, New York, The Metropolitan Museum of Art, Irene Lewisohn Costume Reference Library, Woodman Thompson Collection; fig. 5). La section aplatie d'une manche est curieusement appelée « mancheron fendu » dans le texte qui accompagne une gravure de mode montréalaise intitulée « Fashions for October 1832 » (Modes pour le mois d'octobre 1832). Cette gravure est publiée dans le numéro de décembre 1832 de *The Montreal Museum or Journal of Literature and Arts* (voir fig. 41).

4
Summer Dress with Pelerine

About 1830-1835
Off-white muslin, wood-block printed with alternating broad vertical stripes of decorative motifs in tan, and stripes of trailing poppies and wisteria branches in red and blue on a stippled ground
Gift of Mrs. James Peck, 1935
M17935 (.1-.2)

PROVENANCE
Mrs. James Peck, Montreal, until 1935.

EXHIBITIONS
Montreal, McCord Museum, *Opening Exhibition,* March 5 – June 15, 1971; Montreal, McCord Museum, July 9, 1974 – February 12, 1975; Montreal, McCord Museum, *Québec and its Environs,* January 23, 1976 – June 1, 1976; Montreal, McCord Museum, *Aspects of the Permanent Collections of the McCord Museum, 1760-1860,* November 1, 1977 – April 13, 1978; Montreal, McCord Museum, *A Celebration: the St. Andrew's Society of Montreal, 1835-1985,* October 2, 1985 – October 1, 1986.

T he sleeve has now expanded into the characteristic large "gigot" sleeve which, under the pelerine, is fitted to a piped armscye with a flat area of gathering. The sleeve would have been supported under the dress by down-filled sleeve puffs attached to four tape ties at each armscye, the remains of which are found on the interior of the dress. The bodice has a broad oval neckline, characteristic for day wear during the period: it is unboned, fitted and gathered near the top to a central perpendicular seam which is reinforced with a piped self-fabric narrow band. Diagonal bust darts found on the lining are accentuated on the outside of the garment with a similar band; their line is slightly altered, being curvilinear and extending to the armscye. The back closure fastens with flat brass hooks and eyes. A full skirt, gauged to an inset waistband, balances the line created by the immense sleeves.

The sleeve, which kept increasing in size during the second half of the twenties, was at its largest in 1830. During the first half of this decade, the fullness began to slip away from the armscye: in our example, this effect is achieved under the pelerine by flattening the puffing near the shoulder through gathering. The sleeve collapsed in 1836.

Costume in fashion plates from 1830-1835 likewise reveals various, but often similar, treatments of the flattening of the upper part of the sleeve. As an example, we can cite that in an image in the June 1832 *Petit Courrier des Dames* (No. 898, New York City, The Metropolitan Museum of Art, Irene Lewisohn Costume Reference Library, the Woodman Thompson Collection; fig. 5). This flattened area of a sleeve is curiously referred to as a "cleft mancheron" in the text accompanying a Montreal fashion plate entitled "Fashions for October 1832". It is published in the December 1832 issue of *The Montreal Museum or Journal of Literature and Arts* (see fig. 41).

Fig. 5
Petit Courrier des Dames (no 898),
Paris, juin 1832.
Paris, June 1832.
Photo: Costume Institute,
The Metropolitan Museum of Art.

5
Robe de jour

Vers 1836-1841
Barège imprimé à la planche d'un motif de ramille à roses mauves et feuilles vertes sur fond crème rayé de satin, satin mauve et vert, ruban gris de soie brochée bordé de vert
Don de Mme J. R. Wallace
M976.2.3

PORTÉE À
Ville de Québec

HISTORIQUE
Mme William Rhodes (née Ann Dunn; grand-mère de la donatrice); Mme J. R. Wallace, Westmount (Québec), jusqu'en 1976.

EXPOSITIONS
Montréal, Musée McCord, *Aspects des collections permanentes du Musée McCord, 1760-1860*, 1er novembre 1977 – 13 avril 1978; Vancouver, *Expo 86*, Pavillon Via Rail, 27 mars – 21 octobre 1986.

 e type de manche a vu le jour après la disparition de la manche gigot. Plissée à l'emmanchure, la manche devient pleine avant d'être montée à plis sur le poignet. Le corsage à pointe de la robe d'une seule pièce est largement décolleté. Sur le devant, il est froncé de la partie supérieure de l'emmanchure à la partie supérieure de la couture centrale; certaines coutures et bords extérieurs sont passepoilés de satin. Une courte baleine se trouve dans la couture centrale. Des rubans coulissants à l'encolure et des agrafes en cuivre ferment la robe dans le dos. Au milieu devant, la jupe est plissée à la taille; elle est froncée au milieu dos. Une étroite bande passepoilée de même tissu que la robe forme des festons dans le bas du côté gauche de la jupe qui est garnie de nœuds de rubans de soie brochée.

Comme nous l'avons déjà mentionné (voir cat. 4), l'ample manche gigot perd de sa popularité en 1836. Dès lors et jusqu'en 1842 environ, on verra apparaître tous les styles de manche. L'ampleur était souvent resserrée à l'épaule ou au poignet, ou à ces deux endroits à la fois, par des fronces ou des plis, comme c'est le cas dans cette robe de barège. Une manche étroite fait son apparition en 1840, mais on voit également des variantes de la manche plus ample que nous venons de décrire, comme dans la gravure de 1840 du *Petit Courrier des Dames* (n° 1641, Washington, Smithsonian Institution, National Museum of American History, Costume Library; fig. 6).

Le 1er mai 1838, *The Montreal Transcript and General Advertiser* décrit les différents styles de manches en vogue dans un article intitulé « Ladies' Fashions for March » (Modes féminines pour le mois de mars) : une robe du soir avec « une étroite manche de satin avec bouffants de crêpe » et une robe de promenade avec « des manches plutôt larges ». Le 5 juin 1838, dans l'article « London Fashions for May » (Modes londoniennes pour le mois de mai), dont les informations étaient tirées des magazines féminins de Londres et de Paris, cette même publication signale que : « Les manches longues les plus courantes sont "à la jardinière"... elles sont amples et bordées d'un ou de plusieurs volants sur l'épaule; le poignet est agrémenté d'un ruché ou d'un plissé à la main. »

Les larges manches gigot, alors démodées, sont souvent resserrées et retaillées pour les mettre au goût du jour, et le surplus de tissu est récupéré. En 1839, Anne Langton écrit : « Si toutefois je n'ai pas réussi à donner aux manches une allure très gracieuse, j'ai au moins atteint le but des retouches, et j'en ai fait une jolie petite cape[1]. »

1 Anne Langton, *A Gentlewoman in Upper Canada, the Journals of Anne Langton*, éd. H. H. Langton, Toronto, Irwin Publications, 1964, p. 99.

5
Day Dress

About 1836-1841
Wood-block printed barège in a sprig pattern of mauve roses and green leaves on a satin-striped cream ground, mauve and green satin, grey figured silk ribbon bordered in green
Gift of Mrs. J. R. Wallace
M976.2.3

WORN IN
Quebec City

PROVENANCE
Mrs. William Rhodes (née Ann Dunn; donor's grandmother); Mrs. J. R. Wallace, Westmount (Quebec), until 1976.

EXHIBITIONS
Montreal, McCord Museum, *Aspects of the Permanent Collections of the McCord Museum, 1760-1860*, November 1, 1977 – April 13, 1978; Vancouver, *Expo '86*, Via Rail Pavilion, March 27 – October 21, 1986.

T he sleeve of this dress is an example of a type seen after the collapse of the gigot style. It is pleated to the armscye, becomes full and then is pleated to a cuff near the wrist. The pointed bodice of the one-piece dress has a wide open neckline; is gathered in the front from the upper part of the armscye to the upper part of a central seam; and has satin piping on some seams and on the outer edges of the bodice. There is one short bone down the centre seam. The back closure has draw-tapes at the neckline and brass hooks and eyes along the back. The skirt is pleated to the waistband in centre front, and gauged to it in centre back. A narrow piped band of the material forms a scallop down the left side of the skirt, which is trimmed with figured silk ribbon bows.

As previously mentioned (cat. 4), the large gigot sleeve collapsed in 1836 and from then until about 1842 there was a great variety of sleeve styles. The fullness was often caught at the shoulder and/or wrist with gathering or pleating (sometimes called "plaiting" at the time), as is done in this barège gown. A tight sleeve appeared in 1840, but is seen along with variations of the fuller sleeve just described. For instance, see examples in the 1840 fashion plate in *Petit Courrier des Dames* (no. 1641, Washington, Smithsonian Institution, National Museum of American History, Costume Library; fig. 6).

On May 1, 1838, *The Montreal Transcript and General Advertiser* noted the following varied sleeve fashions in "Ladies' Fashions for March": an evening dress with "tight satin sleeves, with bouffant of crape" and a walking dress with "rather wide sleeves". On June 5, 1838, in its "London Fashions for May (From the London and Paris Ladies' Magazines)", this newspaper advised "For long sleeves those most used are à la jardinière... they are full with one or more frills on the shoulder, and a wristband, ruche or plaiting at the hand".

Large gigot sleeves, thought to be out-of-date, were often tightened in the required areas for stylish wear, and the excess material put to good use. In 1839, Anne Langton wrote: "If, however, I have not succeeded in fashioning the sleeves very gracefully, I have at least attained the object of the alteration, and got a neat little cape out of them."[1]

1 Anne Langton, *A Gentlewoman in Upper Canada, the Journals of Anne Langton*, ed. H. H. Langton (Toronto: Irwin Publications, 1964), p. 99.

Fig. 6
Petit Courrier des Dames (no 1641), Paris, 1840. Photo: Division of Costume, National Museum of American History, Smithsonian Institution.

6
Robe de jour

Vers 1843-1846
Taffetas de soie moirée brun pâle et bleu avec motif de volutes
havane impression chaîne, garniture crème et bleu pâle
Don de Mme J. Reid Hyde
M971.105.8 (.1-.2)

HISTORIQUE
Mme W. R. Bertram; Mme J. Reid Hyde, Montréal, jusqu'en 1971.

EXPOSITIONS
Montréal, Musée McCord, 21 février – 20 août 1973.

En 1842, on note une nouvelle sobriété dans la couleur et la ligne des robes. Le corsage à pointe très effilée de cette robe deux-pièces de couleur mate, en taffetas alors à la mode, est ajusté et froncé, avec une encolure ovale bordée d'un bouillonné. Il est pourvu de longues manches et de mancherons cousus sur des emmanchures basses. Le bas devant du corsage est froncé au centre en bouillonné aux lignes horizontales qui s'élèvent au-dessus de la pointe effilée. Des galons agrémentent les mancherons et les manches en formant un V inversé sur les côtés. On compte trois baleines sur le devant et deux dans les coutures latérales. Le corsage ferme au dos. Froncée à la taille, la jupe est pourvue, à droite, d'une poche prise dans une découpe. Elle est ornée sur le devant de quatre petits volants verticaux plats garnis de galons qui font écho à la ligne allongée que suggère la pointe du corsage.

La mode des corsages à froncis est apparue vers 1843 et s'est poursuivie jusque dans les années cinquante. Le modèle dans le coin inférieur droit de « Fashions for October 1845 » (Modes pour le mois d'octobre 1845) (New York, The Metropolitan Museum of Art, Irene Lewisohn Costume Reference Library, Woodman Thompson Collection; fig. 7) en est un autre exemple. La manche collante, en versions longue et courte, était déjà très en vogue en 1842. Dans *Godey's Lady's Book* (mars 1843, p. 156), on peut lire que « Sa Majesté était vêtue d'un élégant costume du soir... un corsage à pointe... de très courtes manches collantes ». On montait très couramment les jupes à fronces sur le corsage au cours des années 1841-1846.

Outre *Godey's Lady's Book*[1] de Philadelphie, d'autres publications renseignaient les Montréalais sur les dernières tendances de la mode. *Montreal Gazette,* par exemple, présentait brièvement les modes londonienne et parisienne. *The Illustrated London News,* qui contenait aussi des informations sur la mode et *Punch, or the London Charivari,* qui la ridiculisait souvent, étaient importés par navire postal.

---

[1] Le titre de cette publication mensuelle, publiée à Philadelphie de juillet 1830 à août 1898, a quelque peu varié tout au long du dix-neuvième siècle. Elle est cependant généralement connue aujourd'hui sous le titre de *Godey's Lady's Book,* titre qu'elle a en fin de compte porté pendant un certain temps et que nous utiliserons dans le présent texte. Une liste des différents titres et dates correspondantes se trouve dans Frank Luther Mott, *A History of American Magazines,* vol. I, Cambridge (Massachusetts), Harvard University Press, 1957, p. 53.

6
Day Dress

About 1843-1846
Soft brown and blue shot-silk taffeta featuring a design of warp-printed scroll-like motifs in tan, cream and light blue braid
Gift of Mrs. J. Reid Hyde
M971.105.8 (.1-.2)

PROVENANCE
Mrs. W. R. Bertram; Mrs. J. Reid Hyde, Montreal, to 1971.

EXHIBITIONS
Montreal, McCord Museum, February 21 – August 20, 1973.

By 1842, a new style of dress reveals a quality of restraint in overall colour and line. The two-piece dress, made of fashionable warp-printed taffeta in a muted colour, has a deep-pointed fitted bodice. It features a gathered bodice with an oval neckline bordered by shirring and long sleeves with mancherons set into low armscyes. The lower centre front of the bodice is gathered into horizontal lines of shirring which rise above the deep point. Braid trims the mancherons and embellishes the sleeves in an inverted V configuration at the sides. There are three bones in the front of the bodice and two in the side seams, and there is a back closure. The skirt has a bag pocket to the right and is gauged into the waistline. It is embellished in the front with four vertical narrow flat frills trimmed with braid, echoing the elongated line suggested by the point in the bodice.

Bodices with similar gathering became fashionable from around 1843, and continued to be so into the fifties. The figure on the lower right in "Fashions for October 1845" (New York, The Metropolitan Museum of Art, Irene Lewisohn Costume Reference Library, the Woodman Thompson Collection; fig. 7) illustrates this style. A tight sleeve, in both long and short versions, was well-established by 1842. *Godey's Lady's Book* (March 1843, p. 156) noted that "Her Majesty was habited in an elegant evening costume... the corsage à point... very short tight sleeves." The method of gauging a skirt to a bodice predominated during the years 1841-1846.

As well as in Philadelphia's *Godey's Lady's Book*[1], Montrealers could follow news of the latest styles elsewhere. For instance, the *Montreal Gazette* at this time published notes on London and Paris fashions; and *The Illustrated London News,* which likewise contained information on modish dress, and *Punch, or the London Charivari,* which often mocked the same, were imported into the city by mail steamer.

---

[1] The title of this journal, published monthly in Philadelphia from July 1830 to August 1898, varied slightly throughout the nineteenth century. It is, however, popularly known today as *Godey's Lady's Book,* the title which it eventually assumed for a period, and it will be referred to as such throughout this text. For an account of its successive titles and dates, see Frank Luther Mott, *A History of American Magazines,* vol. I (Cambridge, Massachusetts: Harvard University Press, 1957), p. 53.

Fig. 7
Fashions for October 1845.
Photo: Costume Institute,
The Metropolitan Museum of Art.

7
Robe d'été

Vers 1854-1855
Mousseline de laine bleu pâle imprimée à la planche entièrement couverte d'un délicat motif de ramille à roses roses, brunes et bleues, garniture et volants imprimés « à disposition » de guirlandes de roses, frange de soie bleue et blanche
Don de Mme Raymond Caron
M973.1.1 (.1-.2)

HISTORIQUE
Harriet Bousfield Molson Clerk (mère de la donatrice); Mme Raymond Caron, Westmount (Québec), jusqu'en 1973.

EXPOSITIONS
Montréal, Musée McCord, 15 août 1973 – 4 juin 1974; Montréal, Musée McCord, *Les somptueuses fantaisies de la mode*, 11 novembre 1981 – 25 avril 1982.

L a jupe plus large des années cinquante s'allège grâce aux volants qui élargissent également la silhouette. Le corsage à basques et à pointe sans col comprend une manche pagode à trois pans, frangée et volantée, et ornée d'une bande de tissu imprimé « à disposition ». Sur le devant et le dos, un V créé par une bande du même tissu forme une sorte d'empiècement, le tout étant agrémenté d'une frange assortie. La bordure de la basque est décorée de manière semblable. Six petits boutons recouverts de tissu et garnis de frange ferment le vêtement à l'avant. Trois larges volants de tissu également imprimé « à disposition » composent la jupe qui se ferme dans le dos.

Au milieu de la décennie, la manche pagode s'élargit considérablement, et les volants à motifs floraux voyants, comme ceux-ci, sont en vogue. Plus tard, les motifs géométriques gagnent la faveur populaire et la manche pagode se fait souvent encore plus ample. En 1855, la circonférence de la jupe augmente. Une gravure de mode de 1856 intitulée « Les Modes Parisiennes Réunies » (New York, The Metropolitan Museum of Art, Irene Lewisohn Costume Reference Library, Woodman Thompson Collection; fig. 8) présente une robe similaire à celle du McCord. Ici, la jupe plus ample était probablement maintenue par la nouvelle cage à cerceaux, appelée crinoline, apparue en 1856.

En 1849, le journal londonien *The World of Fashion* annonce la vente de patrons et patrons de robes, pouvant être « expédiés dans toutes les régions du Royaume ». En 1854, *Godey's Lady's Book* vendait ses propres patrons ainsi que ceux de Madame Demorest. On peut également lire dans le *Montreal Transcript and Commercial Advertiser* du 31 mars 1855 qu'une couturière montréalaise, Mlle Arthur, vend des « patrons en papier de toutes sortes à des prix très avantageux ». Il est donc possible que la robe du McCord ait été fabriquée à partir d'un patron.

7
Summer Dress

About 1854-1855
Light blue *mousseline de laine* wood-block printed with an all-over sprig pattern of pink, brown and blue roses; trim and flounces printed *à disposition* with garlands of roses; blue and white silk fringe
Gift of Mrs. Raymond Caron
M973.1.1 (.1-.2)

PROVENANCE
Harriet Bousfield Molson Clerk (donor's mother); Mrs. Raymond Caron, Westmount (Quebec), until 1973.

EXHIBITIONS
Montreal, McCord Museum, August 15, 1973 – June 4, 1974; Montreal, McCord Museum, *Fantasy of Fashion*, November 11, 1981 – April 25, 1982.

T he expanding skirt of the fifties is given buoyancy by flounces which also accentuate the breadth of the silhouette. The pointed basqued collarless bodice features a fringed and flounced three-pointed pagoda sleeve embellished by a band of fabric printed *à disposition*. A yoke is suggested by a V in the front and back, created by a band of the fabric embellished with more material *à disposition*, the whole trimmed with matching fringe. The edge of the basque is ornamented in a similar manner. The front closure has six small fabric-covered buttons trimmed with fringe. Three wide flounces made from fabric also printed *à disposition* form the skirt. There is a back closure.

During the middle of the decade the pagoda sleeve became quite large, and flounces with bold floral designs, such as those featured here, were popular. Later, geometric designs often found favour, and the pagoda sleeve frequently became even wider. There was an overall increase in the circumference of the fashionable skirt in 1855. Similarities to the McCord example exist in a dress in the fashion plate entitled "Les Modes Parisiennes Réunies", 1856 (New York City, The Metropolitan Museum of Art, Irene Lewisohn Costume Reference Library, the Woodman Thompson Collection; fig. 8). The wider skirt here was possibly supported by the new cage crinoline, which appeared in 1856.

By 1849 the London journal *The World of Fashion* had advertised for sale patterns which could be "forwarded to all parts of the Kingdom": they included those for dresses. And by 1854 *Godey's Lady's Book* was selling its own patterns and those of Madame Demorest. We also read in the *Montreal Transcript and Commercial Advertiser*, dated March 31, 1855, of a Montreal dressmaker, Miss Arthur, who could supply "Paper patterns of every description at very low prices". It is therefore possible that the McCord dress was made using such a device.

Fig. 8
Les Modes Parisiennes Réunies, 1856.
Photo: Costume Institute,
The Metropolitan Museum of Art.

8
Robe du soir

Vers 1860-1863
Tulle de soie crème, filet, tarlatane, taffetas de soie et ruban de soie, dentelle valenciennes et blonde, perles
Don de Mlle Mabel Molson
M14797 (.1-.2)

HISTORIQUE
Famille Molson, Montréal, jusqu'en 1931.

EXPOSITIONS
Montréal, Musée McCord, 16 juin 1971 – 9 août 1973; Montréal, Château Ramezay, 6 mai – 16 octobre 1977; Montréal, Musée McCord, *La mode des années 1860 : de la crinoline à la tournure,* 22 avril – 11 octobre 1981.

 L a jupe de plus en plus ample en forme de dôme est typique du début de cette décennie, tout comme le décolleté très profond, les manches courtes, la taille effilée et la fermeture au dos pour le soir. Le filet du corsage est monté sur taffetas et plissé sur le devant et le dos, au centre, dans la partie supérieure. Il est agrémenté de deux appliques en taffetas formant un double V inversé, l'applique supérieure étant jointe à une autre bande diagonale partant de l'épaule. Toutes les bandes sont garnies de blonde, les bandes diagonales ayant en outre une étroite bordure de tulle plissée en rond. Des appliques formant des médaillons de perles et de dentelle ajoutent à la richesse du tissu. Le dos du corsage est orné de manière semblable. Les manches comportent la même bordure de tulle plissée en rond et d'autres médaillons; elles sont terminées par un mince ruban de soie. Le décolleté est bordé de blonde, de valenciennes et d'un étroit ruban. La robe se ferme au dos. On compte onze baleines de longueurs différentes et des petits coussins, placés à l'intérieur des emmanchures assurent un ajustement parfait, quoique inconfortable. Le corset, probablement porté sous la robe, devait contribuer à rigidifier le tout, ce qui contrastait de façon frappante avec l'effet léger et vaporeux du tulle.

L'ourlet de la jupe de dessous en filet est pourvu de deux volants de tarlatane plats superposés et plissés en rond. La jupe de dessus, fermée au dos présente un motif asymétrique en zigzag créé par de larges appliques de bandes de taffetas de soie bordées de blonde et garnies de médaillons. (Le tulle original de la jupe de dessous et de la jupe de dessus a été remplacé.)

La jupe en forme de dôme soutenue par une crinoline est à son plus large au début des années 1860 et, selon les gravures de mode de 1860 et 1861, elle semble aussi ample à l'avant qu'à l'arrière, comme c'est le cas pour cette robe du soir ayant appartenu à la famille Molson. Les gravures des deux années suivantes montrent un léger mouvement de jupe vers l'arrière. Des photographies datées tirées des Archives photographiques Notman du Musée McCord révèlent que, en 1864, l'ampleur des jupes était généralement rejetée à l'arrière à différents degrés. Cette tendance se reflète par exemple dans la robe que porte Mme George Webber sur une carte de visite de la saison printemps-été 1864 (fig. 9; n° Notman 13 492-I).

La gravure de mode du *Peterson's Magazine* de janvier 1861 (fig. 10) montre une autre version de la bordure en zigzag de la robe Molson. L'image, bien que tirée de cette publication américaine, s'intitule « Les Modes Parisiennes ».

8
Evening Dress

About 1860-1863
Cream silk tulle, net, tarlatan, silk taffeta, and silk ribbon, Valenciennes and blonde lace, pearls
Gift of Miss Mabel Molson
M14797 (.1-.2)

PROVENANCE
Molson family, Montreal, until 1931.

EXHIBITIONS
Montreal, McCord Museum, June 16, 1971 – August 9, 1973; Montreal, Château Ramezay, May 6 – October 16, 1977; Montreal, McCord Museum, *Dress of the 1860's: Crinoline to Bustle,* April 22 – October 11, 1981.

T he increasingly large dome-shaped skirt was characteristic of the early years of the decade, as were the wide low neckline, short sleeves, pointed waistline and back closure for the evening. The net of the bodice is mounted over taffeta, being pleated in the upper central area in both front and back. It is embellished with two appliquéd bands of taffeta in an inverted double-V configuration, the upper one being joined by an additional diagonal band from the shoulder area. All the bands are trimmed with blonde lace, the diagonal ones being additionally embellished with a narrow edging of box-pleated tulle. Appliquéd medallions of pearls and lace add to the surface richness. The back of the bodice has similar ornamentation. The sleeves are embellished with the narrow box-pleated tulle trim and more medallions; they are finished with a narrow silk ribbon. The neckline is edged with blonde lace, Valenciennes lace and narrow ribbon. The closure is in the back. There are eleven whalebones of varying size, and small cushions in the arm holes in the interior, contributing to a smooth, albeit uncomfortable, fit. The corset probably worn underneath would have contributed to the stiff constraining construction, in stark contrast to the light airy effect created by the tulle.

The stiffened net underskirt has two superimposed box-pleated flat frills of tarlatan near the hemline. The overskirt features an asymmetric zigzag pattern created by appliquéd broad silk taffeta bands edged with blonde lace and trimmed with additional medallions. There is a back closure. (The original tulle in both overskirt and underskirt has been replaced.)

During the early 1860s, the crinoline-supported dome-like skirt was at its widest, and in fashion plates during 1860 and 1861 the skirt seems to project as much in front as in back. This look is exemplified in the Molson evening dress. For the next two years in fashion plates the skirt sometimes featured a slight movement towards the back. Dated photographs in the McCord's Notman Photographic Archives reveal that in 1864 the majority of skirts worn by sitters sweep towards the back in varying degrees. This tendency is seen, for instance, in Mrs. George Webber's gown in a carte-de-visite, dated Spring-Summer 1864 (fig. 9; Notman number 13,492-I).

The fashion plate from *Peterson's Magazine* of January 1861 (fig. 10) depicts another version of the zigzag trim used in the Molson dress. The image is from the American *Peterson's Magazine* but is entitled "Les Modes Parisiennes".

Fig. 9 ▸
Mme George Webber, printemps - été, 1864.
Mrs. George Webber, Spring - Summer 1864.
Photo: Notman no 13 492-I.

Fig. 10 ▸▸
Peterson's Magazine,
Philadelphie, janvier 1861.
Philadelphia, January 1861.
Photo: Costume Institute,
The Metropolitan Museum of Art.

9
Robe d'après-midi

Vers 1866-1869
Taffetas de soie finement rayé bleu royal et blanc cassé, doublement rayé par une large bande de satin bleu royal à rayures étroites noires et blanc cassé
Don anonyme, 1928
M6327 (.1-.3)

EXPOSITIONS
Montréal, Musée McCord, *La mode des années 1860 : de la crinoline à la tournure*, 22 avril – 11 octobre 1981.

L a jupe est maintenant plate à l'avant et l'ampleur est rejetée vers l'arrière. Le devant du corsage, qui s'arrête à la taille, présente une incrustation de tissu bouillonné avec large rayure de satin horizontale. Le petit col droit est du même tissu, tout comme la ceinture et le mince ruché plissé finissant la longue manche. Des agrafes de métal noir permettent de fermer la robe bord à bord sur le devant. La jupe à godets et à traîne reste cependant plate sur le devant et plissée à la taille. Le bas de la robe s'orne d'un volant à plis plats réalisé avec le tissu à larges rayures de satin.

Les photographies des Archives Notman prises à compter de 1866 indiquent que la jupe s'aplatit visiblement sur le devant, l'ampleur étant toujours rejetée vers l'arrière. Citons à titre d'exemple le costume rayé que porte Mlle Howell lorsqu'elle se fait photographier dans l'atelier de William Notman entre le 6 août et le 16 octobre 1866 pour une carte de visite (fig. 11; n° Notman 23 227-I). Une jupe de dessus bouffante (réelle ou simulée) figure dans les Archives Notman en 1868. Les Archives Notman montrent, jusqu'en 1870, de nombreuses variations sur les styles sobres, comme cette robe, ou bouffants, comme la robe de soirée pêche (cat. 10). Les jupes de dessus bouffantes prédominent dans les photographies des Archives (voir, par exemple, le portrait « format album » de Mlle A. Rivers pris en janvier/février 1870 (fig. 12; n° Notman 43 289-BI) et dans les gravures de cette année là.

La jupe rayée de la gravure de juin 1867 du magazine américain *Peterson's Magazine* (fig. 13) présente également des similitudes avec le modèle du McCord. Il en est de même pour celle publiée un an auparavant, soit en juillet 1866 (fig. 14) intitulée « La Mode de Paris », qui inspira de toute évidence le modèle très semblable du *Peterson's Magazine*. On peut voir quelques exemples de robes à fines rayures verticales dans des photographies beaucoup plus tardives - 1868 et 1869 - des Archives Notman.

La crinoline portée sous une robe au devant plat devait avoir une forme particulière. À la base, la forme de la jupe rappelle davantage celle de l'ellipse que celle du cercle. La compagnie West, Bradley and Cary, de New York, fabriqua la crinoline « Duplex Elliptic ». En avril 1866, les Montréalaises peuvent se la procurer chez Henry Morgan and Co., H. and H. Merrill, Murphy Bros., Gagnon, Watson and Co., Mrs. Gunn, Jas. Morison and Co. et Dufresne, Gray and Co. Le fabricant prévoyait de toute évidence des affaires en or.

9
Afternoon Dress

About 1866-1869
Silk taffeta, pin-striped in royal blue and off-white, and pin-striped with the addition of a broad royal blue satin band patterned with narrow black and off-white stripes
Anonymous gift, 1928
M6327 (.1-.3)

EXHIBITIONS
Montreal, McCord Museum, *Dress of the 1860's: Crinoline to Bustle*, April 22 – October 11, 1981.

T he skirt now becomes flat in the front with fullness pushed to the back. The front of the waist-length bodice features an inset area of fabric with a broad horizontal satin stripe which is shirred. The small standing collar is fashioned from this same material, as are the narrow pleated ruche finishing the long sleeve, and the belt. The front edge-to-edge closure is fastened with black metal hooks and eyes. The trained skirt, while flat in front, is elsewhere gored and pleated to the waistband; it is trimmed with a knife-pleated flounce near the hemline of the broad satin-striped fabric.

Images from the year 1866 in the Notman Photographic Archives also show the skirt becoming noticeably smooth in the front, with the fullness still moving towards the back. As an example we can cite the striped costume worn by Miss Howell when having her photograph taken by William Notman's studio for a carte-de-visite some time between August 6 and October 16, 1866 (Notman number 23,227-I, fig. 11). A puffed overskirt (either real or simulated) appears in the Notman Archives later in 1868. Both the simpler style, as exemplified by this McCord dress, and the puffed model, as it appears in the peach de Saint-Ours gown (cat. 10), as well as numerous variations of these modes, occur together in the Notman Photographic Archives until 1870. In this year, puffed overskirts predominate in photographs in the Archives (see, for instance, the Notman cabinet photograph of Miss A. Rivers, January/February 1870 (fig. 12; Notman number 43,289-BI), as well as in fashion plates.

The striped dress in the June 1867 fashion plate from the American publication *Peterson's Magazine* (fig. 13) also demonstrates similarities to the McCord example, as does an earlier one entitled "La Mode de Paris", July 1866 (fig. 14). The latter was obviously the source of inspiration for the similarly posed figure in *Peterson's Magazine*. A few examples of vertically-striped gowns are seen in the Notman Archives as late as 1868 and 1869.

Dresses which were noticeably flat in front, if worn with a crinoline, required one of a different shape. The skirt at its base now resembled an ellipse rather than a circle. West, Bradley and Cary of New York City manufactured one which they called the "Duplex Elliptic". In April 1866 it was available in Montreal at Henry Morgan and Co., H. and H. Merrill, Murphy Bros., Gagnon, Watson and Co., Mrs. Gunn, Jas. Morison and Co. and Dufresne, Gray and Co. Obviously the manufacturer anticipated healthy sales.

Fig. 11
Mlle Howell, 6 août - 16 octobre 1866.
Miss Howell, August 6 - October 16, 1866.
Photo: Notman no 23 227-I.

Fig. 12
Mlle A. Rivers, janvier/février 1870.
Miss A. Rivers, January/February, 1870.
Photo: Notman no 43 289-BI.

Fig. 13
Peterson's Magazine,
Philadelphie, juin 1867.
Philadelphia, June 1867.

Fig. 14
La Mode de Paris,
juillet 1866.
July 1866.
Photo: Division of Costume,
The National Museum of American History, Smithsonian Institution.

10
Robe du soir

1868-1869
Taffetas de soie pêche, frange de soie pêche nouée à la main (lisse et gaufrée), tulle de soie crème
Achat
M969.1.11 (.1-.2)

ÉTIQUETTE
Maison Soinard, 13, rue Taitbout, Paris.

PORTÉE PAR
Mme Alexander-Edward Kierzkowski (née Caroline-Virginie de Saint-Ours).

HISTORIQUE
Mme Alexander-Edward Kierzkowski (née Caroline-Virginie de Saint-Ours), 1868-1869 (achetée lors de sa lune de miel à Paris); Mme Roch Rolland, Saint-Ours (Québec), jusqu'en 1969.

EXPOSITIONS
Montréal, Musée McCord, *Exposition inaugurale,* 5 mars – 15 juin 1971; Montréal, Musée McCord, *Les somptueuses fantaisies de la mode,* 11 novembre 1981 – 25 avril 1982.

I ci, la jupe bouffante représente le changement le plus important de style. Le corsage à basques et à taille courte présente un profond décolleté ouvert bordé de tulle plissé, agrémenté d'un volant de plis plats lui-même orné d'une frange. Un nœud plat repose sur chaque épaule. Les courtes manches froncées sont bordées d'un ruché de tulle. L'encolure est pourvue d'un ruban coulissant sur le devant et cinq boutons recouverts ferment la robe à l'avant.

La jupe de dessous, à godets, est plissée à la taille sur le devant et sur les côtés et froncée à l'arrière. Le bas de la robe est agrémenté d'un large volant froncé surmonté d'un volant plus petit en tissu plissé. La jupe de dessus, à godets, est également plissée ou froncée à la taille. Sur le devant, le tablier créé par les froncis latéraux près de l'ourlet, donne un bouffant que vient souligner le nœud placé de chaque côté. Le dos est plus long que le devant et est froncé au centre près de l'ourlet, ce qui crée un autre bouffant également marqué d'un nœud. À l'époque, le bouffant sur les côtés de la jupe était appelé « panier ». Le bas de la jupe de dessus est orné d'un volant plissé et d'une frange.

La date de la robe a été établie d'après le journal de Caroline-Virginie de Saint-Ours-Kierzkowski qui y relate sa lune de miel en Europe et ses deux voyages à Paris, en 1868 et en 1869, où elle se serait procuré la robe portant l'étiquette de Paris.

Caroline-Virginie de Saint-Ours-Kierzkowski était très au fait des dernières nouveautés de la mode. Dans son journal, rédigé au cours de sa lune de miel en Europe en 1868-1869, elle commente les toilettes des New-yorkaises qu'elle trouve surchargées et confesse avoir fait le tour des couturiers à Londres. À Paris, elle assiste à la « Messe des Élégants » à l'église de la Madeleine, observant avec ironie qu'à cette messe de fin de journée, les fidèles semblaient davantage émus par les toilettes que par le service[1]. La façon de la jupe de Mme de Saint-Ours-Kierzkowski rappelle celle des jupes illustrées dans la gravure de mode de novembre 1869 du journal *Magasin des Demoiselles* (n.p.; fig. 15).

---

[1] « My Journal, 21st October 1868 », Ottawa, Archives nationales du Canada, Documents Caroline-Virginie de Saint-Ours-Kierzkowski, MG27 (1E32), vol. 1.

10
Evening Dress

1868-1869
Peach silk taffeta, peach silk hand-tied fringe (plain and crimped), cream silk tulle
Purchase
M969.1.11 (.1-.2)

LABEL
Maison Soinard, 13 rue Taitbout, Paris.

WORN BY
Mrs. Alexander-Edward Kierzkowski (née Caroline-Virginie de Saint-Ours).

PROVENANCE
Mrs. Alexander-Edward Kierzkowski (née Caroline-Virginie de Saint-Ours), 1868-1869 (acquired during her honeymoon in Paris); Mme Roch Rolland, Saint-Ours (Quebec), until 1969.

EXHIBITIONS
Montreal, McCord Museum, *Opening Exhibition,* March 5 – June 15, 1971; Montreal, McCord Museum, *Fantasy of Fashion,* November 11, 1981 – April 25, 1982.

T he puffed skirt is the new important stylistic element in this garment. The basqued bodice is short-waisted and has a low wide neckline edged with pleated tulle and embellished with a flounce of pleating under which fringe is attached. A flat bow is superimposed at the shoulderline on each side. The short puffed and gathered sleeves are edged with a ruche of pleated tulle. There is a draw-tape at the neckline in front, and a front closure with five self-covered buttons.

The underskirt is gored and pleated to the waistband at front and sides; at the back it is gathered to the band. There is a deep gathered flounce at the hemline, topped by a smaller one of pleated fabric. The gored overskirt is also pleated or gathered to the waistline. It has an apron front created by gathering at the sides near the hemline which results in puffing: this area is marked by a bow at each side. The back is longer than the front and is gathered at the centre near the hemline which again creates puffing: a third bow is found here. The bouffant form at the sides of the skirt was referred to at the time as a panier. The base of the overskirt is trimmed with a pleated flounce and fringe.

The date is substantiated by those of Caroline-Virginie de Saint-Ours-Kierzkowski's honeymoon in Europe and her documented Paris visits in 1868 and again 1869, which determine when she bought the gown with the Paris label.

Caroline-Virginie de Saint-Ours-Kierzkowski was fashion conscious. In a diary written during her European honeymoon in 1868-1869 she remarked on the dress of New York women, finding them, to her taste, over-dressed. In London, she commented on her enjoyment of window-shopping. And while visiting Paris, she wrote of *La Messe des Élégants* at the Église de la Madeleine: she wryly observed that at this late mass, people seemed to be moved more by the display of the *toilettes* than by the service.[1] The treatment of the de Saint-Ours-Kierzkowski skirt bears some resemblance to those found in the French fashion plate of November 1869 from the *Magasin des Demoiselles* (n.p., fig. 15).

---

[1] "My Journal, 21st October, 1868", Ottawa, National Archives of Canada, Caroline-Virginie Saint-Ours-Kierzkowski Papers, MG27 (1E32), vol. 1.

Fig. 15
Magasin des Demoiselles, Paris, novembre 1869.
November 1869.
Photo: Costume Institute,
The Metropolitan Museum of Art.

11
Robe d'après-midi

Vers 1870-1873
Taffetas de soie bleu-vert clair et foncé, faille de soie vert cendré
Don de Mme J. Reid Hyde
M971.105.6 (.1-.2)

PORTÉE PAR
Mme Hugh McLennan (née Alice Stewart).

HISTORIQUE
Mme J. Reid Hyde, Westmount (Québec), jusqu'en 1971.

EXPOSITIONS
Montréal, Musée McCord, 15 janvier – 15 avril 1972.

L e bouffant à l'arrière de la jupe s'est transformé, comme on peut le voir ici, en ce qu'on a appelé la «tournure» de 1870. À l'époque, le bouffant était habituellement soutenu par une sous-structure, la tournure, souvent faite de crin de cheval. Le corsage à taille courte et à petites basques a de longues manches et de larges poignets agrémentés de bandes de taffetas foncé et de deux boutons recouverts de faille, comme tous les autres boutons du vêtement. Le bord inférieur de la veste est garni des mêmes bandes de taffetas; celles-ci sont également utilisées pour créer, sur le devant et dans le dos, un V suggérant un empiècement. La basque est plus longue à l'arrière et forme un postillon à pli rond avec revers boutonné et orné de deux boutons.

La jupe de dessus, à godets, est plissée à la taille sur les côtés et froncée à l'arrière. Les côtés du devant sont légèrement froncés sur les bords et rattachés à un lé central arrière plus long que le devant. Les endroits froncés sont garnis de nœuds. Le froncis arrière crée un bouffant soutenu à l'intérieur par des rubans verticaux. Des bandes semblables à celles de la veste forment la bordure près de la ligne d'ourlet.

La jupe de dessous est également à godets; elle est plissée à la taille sur les côtés et froncée au dos. L'ourlet est orné d'un large volant de même tissu et bordé du taffetas plus foncé, sauf pour le devant. Le lé rectangulaire du bas est agrémenté de bandes, d'un froncis, de plis plats et de nœuds réalisés dans les deux teintes de taffetas.

À partir de 1870, le bouffant est maintenu sous la robe par des rubans verticaux. À cette époque, le corsage est souvent à taille courte et pourvu de petites basques, comme dans le modèle du McCord. De plus en plus de photographies des Archives Notman de 1873 indiquent que la taille du corsage s'allonge subtilement. Elle reprendra sa place en 1874 (voir, par exemple, le portrait « format album » de Mme Hannaford pris en 1874, fig. 16; n° Notman 6 370-BII).

Une gravure de mode agrandie (43 x 76 cm) du journal montréalais *L'Album de la Minerve* du 1er janvier 1872 (fig. 17) illustre certains des modèles parmi lesquels les Montréalaises pouvaient faire leur choix. On peut y lire le commentaire éditorial suivant : « Si le Canada ne se pique pas de faire de la mode, il n'a pas au moins d'objection de la recevoir de l'étranger. Je n'aurai donc... qu'un rôle dans tout cela : celui de discerner ce qui est et ce qui sera. » (p. 26).

11
Afternoon Dress

About 1870-1873
Blue-green and darker blue-green silk taffeta, sage-green silk faille
Gift of Mrs. J. Reid Hyde
M971.105.6 (.1-.2)

WORN BY
Mrs. Hugh McLennan (née Alice Stewart).

PROVENANCE
Mrs. J. Reid Hyde, Westmount (Quebec), until 1971.

EXHIBITIONS
Montreal, McCord Museum, January 15 – April 15, 1972.

T he puffing at the back of the skirt, as seen here, has evolved into what became known as the bustle style of 1870. Then it was usually supported by a substructure, called a bustle, often made of horsehair. The short-waisted bodice with a short basque has long sleeves with deep cuffs bordered by self-fabric bands in the darker taffeta and decorated with two buttons, these and all other buttons being covered in faille. The lower edge of the jacket is bordered with the self-fabric bands which are also used to create, in the front and back, a V-configuration to suggest a yoke. The basque is longer at the back, forming a box-pleated postillon that features buttoned revers and hip buttons.

The overskirt is gored and pleated to the waistband at the sides, and gathered to it in the back. The sides of the front are slightly gathered at their edges to a central back panel which is longer than the front: the gathered areas are embellished with bows. The back gathering results in puffing which is supported by interior vertical tapes. Bands similar to those used in the jacket form a border near the hemline of the overskirt.

The underskirt is also gored, pleated to the waistband at the sides and gathered to it at the back. The hemline is embellished with a deep self-fabric flounce and banded with the darker taffeta, except for the front area of the underskirt. Here, near the hemline, there is instead a rectangular panel of decoration with banding, gathering, flat pleats and bows in both taffeta fabrics.

From 1870, the puffing was supported with vertical interior tapes. At this time the bodice was often short-waisted and had short basques, as in the McCord model. Subtle evidence of its lengthening into a more normal waist is increasingly noted in portraits in the Notman Photographic Archives in 1873, and becomes well-established by 1874. See, for example, the 1874 cabinet photograph of Mrs. Hannaford (fig. 16; Notman number 6,370-BII.)

An oversized fashion plate (43 x 76 cm) of January 1, 1872 found on p. 26 of the Montreal journal *L'Album de la Minerve* (fig. 17) reveals a sampling of the variety of models from which Montrealers could make their choice. The following editorial commentary is found in this issue: "Although Canada cannot claim to create fashion, we have no objection to importing it. My role in all this is a simple one: to point out the prevailing and future modes".

Fig. 16 ▸
Mme Hannaford, 1874.
Mrs. Hannaford, 1874.
Photo: Notman no 6 370-BII.

Fig. 17 ▸▸
L'Album de la Minerve,
Montréal, janvier 1872.
Montreal, January 1872.

12
Robe de mariée

Vers 1878
Taffetas de soie prune, velours, frange de chenille, frange de soie (lisse et gaufrée)
Don de Mlle A. Grant
M966.35

PORTÉE PAR
Mme John Brennan (née Mary Ryan) pour son mariage à Montréal vers 1878.

HISTORIQUE
Mlle Margaret Brennan (fille de Mme John Brennan), jusqu'en 1965; Mlle A. Grant, Montréal, 1965-1966.

EXPOSITIONS
Montréal, Musée McCord, Université McGill, *Wedding Dresses, 1830-1930*, 15 avril – 18 juillet 1978.

 La silhouette de la robe s'allonge. Cette robe princesse en taffetas de soie présente un corsage ajusté se fermant à l'avant grâce à des boutons recouverts de velours. Le col est droit et les longues manches sont en velours. Celles-ci sont agrémentées d'un poignet à petits plis plats surmonté d'une bande de taffetas à plis plats. Les deux panneaux de velours de chaque côté de la fermeture à l'avant sont frangés de chenille et de soie. Il y a une petite poche-montre sur le côté gauche. Sous la taille, une section horizontale à plis plats crée l'effet d'une jupe de dessus mais ne se prolonge pas jusqu'au centre du dos. La bordure du bas s'orne d'une frange de soie et de chenille. Des plis ronds et des courtes pattes de velours terminées par des plis plats de taffetas sont situés près de l'ourlet de la jupe de dessous en taffetas. La partie centrale du haut du dos, en velours, a la forme d'un violon et s'allonge jusque sous la taille. La section de taffetas à plis plats du devant se termine au dos par des nœuds d'un côté et un panneau de velours vertical de l'autre côté, créant une certaine asymétrie. Dans le dos, du côté droit, une profonde poche est insérée dans le plissé horizontal plat. L'ampleur à l'arrière, plus basse, est créée par un plissé rond à pli central inversé, le tout formant une traîne ornée d'un large nœud placé près de l'ourlet. Trois ensembles de rubans sont insérés dans les coutures du dos de la jupe, permettant d'ajuster celle-ci près du corps.

Le vêtement a été daté d'après des renseignements fournis par la donatrice sur la date du mariage. De plus, les poches placées à l'arrière, comme celle de notre modèle, ont été en vogue entre 1876 et 1878 environ, ce qui confirme ces renseignements.

Les photographies des Archives Notman indiquent également cette nouvelle tendance vers une ligne verticale. Ainsi, le style de la robe du portrait « format album » de Mme G. R. Bow (fig. 18; n° Notman 49 696-BII), daté de novembre/décembre 1878, est semblable à celui de la robe de mariée du McCord.

Dans les années 1870 et 1880, il était fréquent que les robes de mariées ne soient pas blanches. À l'époque où la robe de Mme Brennan a été commandée, la suprême élégance consistait à porter des couleurs prunes. Dans le numéro du 30 janvier 1877 du journal montréalais *The Evening Star,* J. Carroll and Co. annonce, sous l'en-tête « New Dress Goods » (Nouveautés en matière de robes), dix sortes de tissus, tous dans les tons de prune. Et dans le numéro du 31 août 1878 du *Montreal Daily Witness,* S. Carsley, qui logeait aux 393 et 395 rue Notre-Dame, annonçait « un nouveau lot de toutes les teintes de prune, la meilleure offre en magasin ».

12
Wedding Dress

About 1878
Plum-coloured silk taffeta, velvet, chenille fringe, silk fringe (plain and crimped)
Gift of Miss A. Grant
M966.35

WORN BY
Mrs. John Brennan (née Mary Ryan) at her wedding in Montreal, about 1878.

PROVENANCE
Miss Margaret Brennan (daughter of Mrs. John Brennan), until 1965; Miss A. Grant, Montreal, 1965-1966.

EXHIBITIONS
Montreal, McCord Museum, McGill University, *Wedding Dresses, 1830-1930*, April 15 – July 18, 1978.

 The line of the dress has now become more vertical. The one-piece princess-line gown in silk taffeta has a fitted bodice and front closure with velvet-covered buttons. There is a standing collar and long sleeves in velvet. The latter are trimmed with a cuff of knife-pleating surmounted by a flat pleated band in taffeta. Two appliquéd velvet panels, on either side of the front closure, are terminated in chenille and silk fringe. There is a small watch pocket on the left side. A horizontally flat-pleated section below the waist creates an overskirt effect, but does not continue through to the centre back. It is trimmed near its hemline with silk and chenille fringe. Near the hemline of the taffeta underskirt there are box pleats, and short velvet tabs terminating in taffeta knife-pleating. The upper centre back features an appliquéd velvet panel in the shape of a violin body, which continues below the waist. The flat-pleated taffeta section from the front terminates in the back with bows on one side and an appliquéd vertical velvet panel on the other side, creating an asymmetrical effect. On the right side in the back, a deep bag pocket is inserted into the horizontal flat pleating. Lower back fullness is created by a box pleat with an inverted pleat in its centre, this forming a train embellished with a large bow near the hemline. Three sets of tie tapes are inserted into the inner seams of the back of the skirt in order that it may be adjusted to fit tightly to the body.

The year assigned to the garment is substantiated through donor information regarding the wedding date. In addition, a pocket placed in the back, such as is inserted in this gown, was popular from about 1876 to 1878; this serves to confirm the above information.

Attire in the Notman Photographic Archives also reveals the trend towards a new vertical line. For instance, the cabinet photograph of Mrs. G. R. Bow (fig. 18; Notman number 49,696-BII), with a date of November/December 1878, has similar stylistic traits to those of the McCord wedding dress.

During the 1870s and 1880s wedding dresses were frequently not white. At around the time the Brennan wedding dress was ordered, plum colours were the height of fashion. In the January 30, 1877 issue of the Montreal newspaper *The Evening Star*, J. Carroll and Co. advertised, under the caption "New Dress Goods", ten types of fabric: all were available in "Plum Colors". And in the August 31, 1878 issue of *The Montreal Daily Witness*, S. Carsley, which was located at 393 and 395 Notre Dame St., advertised a "New lot of all shades Plum, the best value that we have."

Fig. 18
Mme G. R. Bow, novembre/décembre 1878.
Mrs. G. R. Bow, November/December 1878.
Photo: Notman no 49 696-BII.

13
Robe du soir

Vers 1888
Dentelle chantilly noire, satin rose, ruban de satin noir, jais noir, boutons de perle et de métal
Don de Mlle Estelle Holland
M20281 (.1-.2)

PORTÉE PAR
Un membre de la famille Holland.

HISTORIQUE
Mlle Estelle Holland, Montréal, jusqu'en 1947.

EXPOSITIONS
Musée des beaux-arts de Montréal, *Silhouettes, ca. 1840-1865*, 18 – 23 mai 1965, n° 12; Montréal, Musée McCord, 21 février – 29 août 1973.

BIBLIOGRAPHIE
Silhouettes, ca. 1840-1865 (cat. exp.), Musée des beaux-arts de Montréal, 1965, n° 12, p. 24.

près la tendance, au tournant de la décennie, vers une ligne plus verticale, une variante de l'ampleur arrière, juste sous la taille, réapparaît en 1883 sous la forme d'une tournure plus rigide. Le corsage de cette robe deux-pièces en satin et dentelles est ajusté; les manches trois-quarts sont ornées d'un double volant, et à l'avant, la fermeture à boutons de perle et de métal globulaires est garnie d'un étroit volant froncé. Les épaulettes de jais embellissent la tête de manche légèrement surélevée. La dentelle du corsage se prolonge pour former une jupe de dessus au drapé complexe, à cinq pointes, le tout étant bordé d'un volant froncé. Un nœud de satin avec des rubans terminés par des ornements rappelant des pampilles décore le bas de la fermeture à l'avant; deux nœuds semblables sont fixés au milieu du dos, à la base du corsage. Le devant de la jupe présente une série de volants à dentelle montés sur satin. Deux rubans de satin, terminés par des ornements en forme de glands, émergent au bas de la robe, près du milieu devant. Le dos de la jupe de satin n'est pas orné de volants de dentelle puisqu'il est recouvert par la jupe de dessus à dentelle du corsage : ici, trois baleines à rubans intérieurs forment une tournure intégrée.

Les photographies Notman révèlent que c'est en 1888 que la tête de manche prend la forme d'un léger bouffant, comme on peut le voir dans la robe Holland. Ce style s'implante de plus en plus au cours de l'année et se poursuit jusqu'en 1889, année où les modèles présentent une tournure considérablement réduite. Une dame photographiée avec un certain M. Darrican à l'atelier Notman le 4 septembre 1888 (fig. 19; n° Notman 87 490-BII) porte une robe dont certaines des caractéristiques ressemblent de façon frappante à celles de notre modèle, mais dont la tournure est très proéminente.

Le style très mode de la robe Holland et de la majorité des toilettes immortalisées par les photographies de William Notman nous amène à formuler des hypothèses sur la source d'inspiration de leurs créateurs. Il est vrai qu'à cette époque, la mode montréalaise s'internationalisait de plus en plus. Nous savons qu'outre la France, l'Angleterre et les États-Unis, l'Allemagne exportait chez nous de nouveaux modèles. Dans le numéro du 22 février 1889 du journal *Le Moniteur du Commerce*, les grossistes Caverhill, Kissock and Binmore annoncent qu'ils offrent les « nouveautés les plus récentes des marchés français, anglais, allemands et américains [sic] ». Paris, cependant, semble dominer le marché puisque la même annonce décrit certaines des importations en provenance de cette ville : « Coiffures de Paris! Patrons de Paris! Chapeaux de Paris! »

13
Evening Dress

About 1888
Black chantilly lace, pink satin, black satin ribbon, black jet, buttons of pearl and metal
Gift of Miss Estelle Holland
M20281(.1-.2)

WORN BY
A member of the Holland family.

PROVENANCE
Miss Estelle Holland, Montreal, until 1947.

EXHIBITIONS
Montreal Museum of Fine Arts, *Silhouettes, ca. 1840-1865*, May 18 – 23, 1965, no. 12; Montreal, McCord Museum, February 21 – August 29, 1973.

BIBLIOGRAPHY
Silhouettes, ca. 1840-1865, (exhib. cat.) Montreal Museum of Fine Arts, 1965, no. 12, p. 24.

After the trend towards a more vertical line at the turn of the decade, a variant of back fullness just below the waist reappears in the form of a rigid bustle in 1883. The two-piece lace dress is mounted on satin. It has a fitted bodice with double-flounced three-quarter-length sleeves and a front closure, embellished by a narrow gathered flounce, with globular buttons of pearl and metal. Jet epaulettes embellish the slightly elevated sleeve-head. The lace of the bodice extends to form an overskirt with complex drapery creating five pointed sections, all edged with gathered flouncing. A satin ribbon bow with streamers ending in tassel-like ornaments decorates the base of the front closure: two similar bows with streamers are at the centre back at the base of the bodice. The front of the skirt features a series of lace flounces mounted over satin. One pair of satin ribbon streamers, terminating in tassel-like ornaments, emerges near the centre front at the hemline. The back of the satin skirt is not embellished with lace flounces, since it is covered by the lace overskirt attached to the bodice: here, three steels with inside tapes create a built-in bustle.

The Notman studio photographs reveal that 1888 was the year that slight puffing, such as we find in the Holland dress, appeared in the sleeve-head. As the year proceeds this look is noted with increased frequency. The trend continues in 1889, the year that the bustle is often dramatically reduced in the clothing of the sitters. A costume in some ways strikingly similar to the McCord example, but with a very large bustle, is worn by a lady photographed with a Mr. Darrican in a cabinet photograph executed on September 4, 1888 by the Notman studio (fig. 19; Notman number 87,490-BII).

The modishness of the Holland dress, and that of much of the clothing in William Notman's photographs, invites speculation on the source of their inspiration. Indeed at about this time Montreal fashion became increasingly international. We know that in addition to French, English and American clothing novelties, German ones were imported. In the 1889 February 22 issue of *Le Moniteur du Commerce* we read that Caverhill, Kissock and Binmore, wholesalers, have in stock "the latest fashions from the French, English, German and American markets". Paris, however, still seems to be a leader, since the same advertisement details some of the importations from that city: "Paris hairstyles! Paris patterns! Paris hats!"

Fig. 19
M. Darrican et une dame, 4 septembre 1888.
Mr. Darrican and a Lady, September 4, 1888.
Photo: Notman no 87 490-BII.

14
Robe de dîner

Vers 1890-1891
Brocart de satin de soie vieux rose avec motif en volutes de fleurs et de feuilles grimpantes crème et or, satin de soie vieux rose, faille de soie rose, dentelle de Calais, passementerie dans des tons de crème et de bronze
Don de Mme Charles Taschereau
M968.2.1 (.1-.2)

ÉTIQUETTE
Glover, Fry & Co., Dress and Mantle Makers, Quebec.

PORTÉE PAR
Mme Louis-Alexandre Taschereau (née Adine Dionne).

HISTORIQUE
Mme Louis-Alexandre Taschereau (épouse de L.- A. Taschereau, premier ministre du Québec de 1920 à 1936); Mme Charles Taschereau (belle-fille de Mme Louis-Alexandre Taschereau), jusqu'en 1968.

L e bouffant des manches est mis en évidence et continuera de croître jusqu'à l'apparition des larges manches gigot au milieu de la décennie. La tournure a disparu et l'ampleur de la robe se situe maintenant sur les côtés, sous la forme de paniers modifiés. Le besoin d'ampleur s'exprime à travers les manches de plus en plus larges.

À l'avant, la partie supérieure du corsage ajusté en cache-cœur est en brocart et pourvue d'une fermeture verticale centrale avec petits boutons de faille. La partie inférieure du corsage, en satin, forme un drapé et se croise pour s'attacher au côté gauche par un système d'agrafes et de brides. Le dos est en satin. Les longues manches, quoique bouffantes à l'épaule, sont étroites et garnies au poignet de volants en dentelle de Calais. Le col Médicis est en brocart doublé de satin; il est orné de la même dentelle que celle des volants du poignet. Une passementerie à motif de feuilles grimpantes avec fleurs agrémente les bords supérieur et inférieur du cache-cœur du corsage ainsi que le bas du devant de la manche. Les paniers et la jupe sont en satin à l'exception d'un lé central à godets qui est en brocart. Le dos ample et froncé à la taille se termine par une longue traîne.

Le léger bouffant latéral, une variante du panier qui constitue l'un des traits stylistiques de la robe Taschereau, fut en vogue dans les années 1870 mais connut un regain de popularité en 1890. Comme nous l'avons déjà mentionné, 1888 marque le retour d'une petite manche bouffante qui est portée jusqu'en 1893, année où les manches plus larges deviennent populaires. Cette mode sera solidement implantée un an plus tard. On peut d'ailleurs en voir un exemple dans le portrait « format album » de Mme Critchley (fig. 20; n° Notman 106 668-BII) pris par William Notman le 26 juillet 1894. Le style de la robe Taschereau permet de la dater : entre 1890 et 1893. Il nous est cependant possible d'en préciser la date. Selon des renseignements fournis par la donatrice, Adine Dionne aurait porté cette robe pour ses débuts, donc avant son mariage avec Louis-Alexandre Taschereau le 26 mai 1891. La robe a donc dû être confectionnée cette année-là ou l'année précédente.

L'étiquette à l'intérieur de la robe Taschereau porte le nom de Glover, Fry & Co.. Il s'agit d'une vieille entreprise établie dans la ville de Québec. Fondée en 1842, elle se spécialisait dans l'importation de tissus, chapeaux, capes et dentelles de qualité supérieure.

14
Dinner Dress

About 1890-1891
Old-rose silk satin brocade with a scroll-like design of flowers and trailing leaves in cream and gold, old-rose silk satin, pink silk faille, Leavers lace, passementerie in tones of cream and bronze
Gift of Mme Charles Taschereau
M968.2.1(.1-.2)

LABEL
Glover, Fry & Co., Dress and Mantle Makers, Quebec.

WORN BY
Mme Louis-Alexandre Taschereau (née Adine Dionne).

PROVENANCE
Mme Louis-Alexandre Taschereau (wife of L.- A. Taschereau, the Premier of Québec from 1920 to 1936); Mme Charles Taschereau (daughter-in-law of Mme Louis-Alexandre Taschereau), until 1968.

S leeve puffing is in evidence and will continue to develop until it becomes the large gigot sleeve of the mid-decade; the fullness of the bustle has now disappeared and has moved around to the sides in the form of modified paniers. A desire for fullness will continue to express itself in the growing sleeve.

The upper part of the fitted cross-over bodice is made of brocade and has a vertical central-front closure with small faille buttons. The lower part of the bodice is of satin, is draped and crosses over to fasten at the left side with hooks and loops. Satin is used for the back. Puffed and fitted long sleeves are fashioned from brocade and trimmed at the wrist with Leavers lace frills. The Medici collar is of brocade lined with satin, and is embellished with the same lace as that in the wrist frills. Passementerie in a design of running leaves with flowers embellishes the upper and lower edges of the cross-over section of the bodice as well as the lower front area of the sleeve. The skirt has a gored central panel of brocade; satin is used for the paniers and the remainder of the skirt. The back is full and gathered to the waistline, descending into a long train.

A variant of the panier effect or slight side-puffing, a stylistic element of the Taschereau dress and popular earlier in the 1870s, was revived in 1890. As previously mentioned, 1888 was the year that a small puffed sleeve reappeared; it was worn until 1893, the year in which the larger sleeve becomes popular. The latter was established one year later, an example of it being seen in the cabinet photograph of Mrs. Critchley (Notman number 106,668-BII, fig. 20) by William Notman dated July 26, 1894. Stylistic dating of the Taschereau dress can then be determined as being between 1890 and 1893. However, a more precise date may be suggested. Donor information indicates that the gown was worn by Adine Dionne for her début, which must have occurred before her marriage to Louis-Alexandre Taschereau on May 26, 1891. This brings the end-date for the gown to that year, or the previous year.

Glover, Fry and Co., whose label is found in the Taschereau dress, was an old established Quebec City firm, importers of "High class dry goods, millinery, mantles, laces": it was founded in 1842.

Fig. 20
Mme Critchley, 26 juillet 1894.
Mrs. Critchley, July 26, 1894.
Photo: Notman no 106 668-BII.

15
Corsage de dîner

Vers 1894-1897
Taffetas de soie jaune entièrement couvert d'un motif de ramille impression chaîne en vert et « impression ad hoc » (imprimé après coup) en lie-de-vin, velours en lie-de-vin.
Don de Mme R. S. Logan
M19789

HISTORIQUE
Mme R. S. Logan, jusqu'en 1948.

EXPOSITIONS
Montréal, Musée McCord, 15 juin – 15 septembre 1971.

A u début des années quatre-vingt-dix, la manche s'élargit pour atteindre des proportions volumineuses au milieu de la décennie. Ce corsage ajusté en taffetas s'arrête à la taille; il est à col droit et a de larges manches ballon garnies d'un ruban de velours sous le bouffant. De chaque côté de la fermeture avant, on retrouve quatre ensembles de minces plis plats verticaux froncés dans le haut, une partie du froncis se prolongeant jusqu'au col. Le plissé plat du taffetas, agrémenté d'une bande de velours centrale, simule une ceinture à la taille. Le milieu du dos est orné d'un étroit plissé plat vertical, également froncé dans le haut. Un large nœud de velours termine le col à l'arrière. Les parties étroites des longues manches rejoignent sous le bouffant une camisole indépendante portée sous le corsage. Les parties étroites des manches sont amovibles, tout comme la camisole, pour une tenue plus habillée. La jupe est une reproduction.

L'ample manche des années 1890, comme celle de ce corsage, était à son plus large en 1894-1896. En 1897, année de sa disparition, on peut encore voir des exemples de manches volumineuses dans les Archives photographiques Notman. Mais il y en a également de plus petites; d'autres ont un bouffant de dimensions réduites placé plus haut sur le bras, comme dans le portrait « format album » de Mlle Honan du 30 août 1897 (fig. 21; n° Notman 120 351-BII). La manche plus petite, avec ses multiples variantes, est à la mode l'année suivante.

Une gravure du journal de mode *The Delineator* (édition canadienne, octobre 1895, p. 407, 408), illustre une semblable robe à large manche. Fait intéressant à noter, l'image est intitulée « Ladies Costume (in 1830 style) » (Le vêtement féminin [style 1830]), ce qui indique que l'auteur considérait la large manche du milieu des années quatre-vingt-dix comme un retour de celle des années trente (voir cat. 4).

15
Dinner Bodice

About 1894-1897
Yellow silk taffeta with an all-over sprig design warp-printed in green and impression ad hoc (printed afterwards) in wine, wine-coloured velvet
Gift of Mrs. R. S. Logan
M19789

PROVENANCE
Mrs. R. S. Logan, until 1948.

EXHIBITIONS
Montreal, McCord Museum, June 15 – September 15, 1971.

D uring the early nineties the sleeve expanded, reaching an immense size in the mid-decade. The fitted and choke-collared waist-length taffeta bodice has large melon sleeves trimmed with a tied band of velvet under the puff. On either side of the front closure there are four vertical groupings of narrow flat pleats which become gathered in the upper area, some of the gathering continuing up to the collar. Flat pleating of the taffeta with velvet trim at the centre simulates a belt at the waist. The back has vertical narrow flat pleating at the centre, this also becoming gathered as in the front. A large velvet bow finishes the collar at the back. The narrow parts of the long sleeve are attached under the puff to an independent camisole inside the bodice; the lower sections of the sleeves may be removed, with the camisole, so that the garment may be worn for more formal wear. The skirt is a reproduction.

During 1894-1896 the large sleeve of the 1890s, as seen in the taffeta bodice, was at its largest. In 1897, the year of its collapse, we still see examples of large sleeves in the Notman Photographic Archives. But we also see smaller ones, and ones where the reduced puffing is higher up on the arm, for example in the gown of Miss Honan, in her portrait (cabinet photograph) dated August 30, 1897 (fig. 21; Notman number 120,351-BII). The smaller sleeve, in a variety of styles, is established the following year.

In the fashion journal *The Delineator* (Canadian edition, October 1895, pp. 407 and 408), a fashion plate depicts a dress with a similarly large sleeve: the image is entitled "Ladies Costume (in l830 style)", revealing the writer's interesting acknowledgement that the large sleeve of the mid-nineties dress can be viewed as a revival of that of the thirties (cat. 4).

Fig. 21
Mlle Honan, 30 août 1897.
Miss Honan, August 30, 1897.
Photo: Notman no 120 351-BII.

16
Corsage de dîner

Vers 1897-1898
Motifs d'éventail et de ruban en velours coupé noir tissé sur fond de taffetas de soie impression chaîne à motif floral dans des tons de rose et de vert, velours de soie brun foncé, satin de soie rose, moire de soie vert pâle, chiffon de soie ivoire, ruban de velours marine, mince ruban de velours noir, dentelle chimique écrue, dentelle valenciennes crème
Don de Mme I.M.B. Dobell
M970.25.1

ÉTIQUETTE
Vere Goold, Montreal.

PORTÉE PAR
Mme Henry Dobell (née Emma King, grand-mère du mari de Mme I.M.B. Dobell), Montréal.

HISTORIQUE
Mme I.M.B. Dobell, Montréal, jusqu'en 1970.

EXPOSITIONS
Montréal, Musée McCord, *La fin d'une époque : Montréal, 1880-1914,* 21 avril – 26 septembre 1977, n° 11.

BIBLIOGRAPHIE
La fin d'une époque : Montréal, 1880-1914 (cat. exp.), Montréal, Musée McCord, 1977, n° 11, (repr. p. 21).

 En 1897, suivant les caprices de la mode, l'ample manche gigot ou ballon disparaît pour faire place à une manche plus petite aux caractéristiques stylistiques les plus diverses. L'un des styles en vogue est illustré dans ce modèle du McCord. Ce type de boléro est en taffetas de soie impression chaîne tissé de motifs d'éventails et de rubans, les bordures étant agrémentées à l'avant de dentelle chimique montée sur velours. Les manches de velours à la mousquetaire sont bouffantes aux épaules et se terminent par un poignet de dentelle assortie avec double volant froncé de soie moirée et de chiffon garni d'un étroit ruban de velours.

Le plastron de chiffon monté sur satin est bouffant et froncé à la taille, au centre. Sur le devant, sous le col droit en moire de soie plissée, se trouve un double volant de chiffon garni de bandes horizontales de mince ruban noir et de valenciennes. Ce type d'ornement se prolonge verticalement jusque dans le bas du devant du corsage. Le col droit est partiellement orné à l'arrière d'un volant de chiffon froncé garni d'un mince ruban de velours sous un col montant froncé de satin bordé de dentelle chimique. Les courtes basques de taffetas sont accentuées à la taille d'un ruban de velours garni à l'avant de deux boutons diamantés. Le vêtement se ferme à l'avant, du côté gauche. La jupe date de la même époque.

En 1897 et 1898, la manche mousquetaire, semblable à cette manche de velours brun, est souvent illustrée dans les publications canadiennes. On voit un exemple de cette manche très élégante dans l'illustration de la « Robe de théâtre » créée par M. A. Izambard, costumier des dames de la cour à Saint-Pétersbourg, parue dans *The Montreal Daily Star* du 10 avril 1897 (fig. 22). Les Archives photographiques Notman ne contiennent que quelques manches mousquetaire, comme dans le portrait « format album » de Mlle Campbell du 25 avril 1898 (fig. 23; n° Notman 124 418-BII); la manche est plus petite que celle du corsage de la robe Dobell.

Vere Goold, dont l'étiquette se trouve à l'intérieur du corsage Dobell, figure dans le *Montreal Directory* de Lovell à titre de commerçant logeant au 56 rue Drummond (au nord de ce qui est aujourd'hui le boulevard René-Lévesque) de 1894 à 1902.

16
Dinner Bodice

About 1897-1898
Floral warp-printed silk taffeta in tones of pink and green woven with black cut-velvet fan-like and ribbon motifs, dark brown silk velvet, pink silk satin, light green silk moiré, ivory silk chiffon, dark navy blue velvet ribbon, narrow black velvet ribbon, ecru "vanishing" lace, cream Valenciennes lace
Gift of Mrs. I.M.B. Dobell
M970.25.1

LABEL
Vere Goold, Montreal.

WORN BY
Mrs. Henry Dobell (née Emma King), Mrs. I.M.B. Dobell's husband's grandmother, Montreal.

PROVENANCE
Mrs. I.M.B. Dobell, Montreal, until 1970.

EXHIBITIONS
Montreal, McCord Museum, *The End of an Era: Montreal, 1880-1914,* April 21 – September 26, 1977, no. 11.

BIBLIOGRAPHY
The End of an Era: Montreal, 1880-1914 (exhib. cat.), Montreal, McCord Museum, 1977, no. 11, (ill. p. 21).

 In 1897, in fashionable dress, the large gigot or balloon sleeve collapsed to be replaced by a great stylistic variety of smaller sleeves; one of these styles is seen in this McCord example: The bolero bodice is of warp-printed silk taffeta woven with velvet fan-like and ribbon motifs, the front edges being bordered with "vanishing" lace over velvet. It has mousquetaire sleeves in velvet, puffed at the shoulder and finished at the wrist with a cuff of matching lace, and a double gathered flounce of moiré and of chiffon trimmed with narrow velvet ribbon.

The vestee, of chiffon mounted over satin, is pouched and gathered into the waist at the centre. In front, under the pleated moiré choke collar, there is a chiffon double flounce trimmed with horizontal rows of narrow black ribbon and Valenciennes lace. The same type of ornamentation continues vertically down the front of the bodice. The back of the choke collar is partly embellished with a gathered flounce of chiffon trimmed with narrow velvet ribbon under a standing gathered collar of the satin, edged with "vanishing" lace. The short taffeta basques are accentuated at the waist with a velvet ribbon trimmed with two diamanté buttons in front. The closure is at the front on the left side. The skirt is of the period.

During 1897 and 1898, illustrations in Canadian publications often show the mousquetaire sleeve, similar to the brown velvet one. An example of this highly stylish sleeve treatment is seen in the "Theatre Dress" designed by M. A. Izambard, Costumer to the ladies of the Court at St. Petersburg: it is illustrated in *The Montreal Daily Star*, April 10, 1897 (fig. 22). Mousquetaire sleeves are found, but infrequently, in the Notman Photographic Archives. An example, smaller than that in the Dobell bodice, can be seen in the portrait (cabinet photograph) of Miss Campbell, April 25, 1898 (fig. 23; Notman number 124,418-BII).

Vere Goold, whose label is inside the Dobell bodice, is listed in Lovell's *Montreal Directory* as a merchant operating from 56 Drummond St. (just above what is now Boulevard René-Lévesque), from 1894 to 1902.

Fig. 22 ▸
The Montreal Daily Star,
10 avril 1897.
April 10, 1897.

Fig. 23 ▸▸
Mlle Campbell, 25 avril 1898.
Miss Campbell, April 25, 1898.
Photo: Notman no 124 418-BII.

I
Perspective historique

« Tel un bernard-l'ermite, la femme moderne choisit une coquille
dont elle finit par épouser les formes; mais à peine a-t-elle atteint
la silhouette désirée que la mode lui en impose une autre[1]. »

L a forme, ou silhouette, n'a pas toujours constitué un élément important de la mode féminine en Europe occidentale. Les amples vêtements tombants du début du Moyen Âge, par exemple, y accordaient une place bien minime, et produisaient un effet semblable à celui des costumes relativement informes de l'Antiquité[2]. Vers 1230, en France médiévale, les femmes commencent à lacer plus étroitement leur corsage[3]. Cette tenue plus ajustée, qui donne à la partie supérieure du vêtement une forme mieux définie, a été associée à la naissance véritable de la mode féminine, naissance que l'on a également reliée à l'apparition du décolleté, à l'exagération de certaines parties du vêtement, comme les manches ou les ourlets, aux coiffures époustouflantes, aux bijoux et aux tissus extravagants. On s'accorde habituellement pour dire que c'est en Bourgogne, au milieu du quatorzième siècle, que se produisit la première manifestation de la mode[4]. Ce phénomène allait de pair avec l'accroissement de la richesse et de l'aisance, résultat d'un capitalisme marchand en pleine expansion et de l'intensification des voies d'échange en Europe occidentale[5]. On l'a également fait coïncider avec la naissance du monde occidental moderne[6].

La Renaissance accordant une importance accrue à la situation sociale, les variations dans le costume se font plus fréquentes, la mode ayant toujours été un indicateur du rang[7]. Au cours des siècles suivants, ce sont encore les modifications apportées aux ornements plutôt qu'à la silhouette qui marquent l'évolution du style[8].

Dans le dernier quart du dix-huitième siècle, les styles nouveaux sont davantage recherchés, et ce désir de nouveauté sera partiellement comblé par le rythme plus rapide des transformations apportées à la silhouette[9], rythme qui va en s'accélérant au siècle suivant[10]. L'évolution de la silhouette d'une mode prédominante à une autre gagne en importance et nous invite à examiner certains aspects de ce processus énigmatique.

Existe-t-il une dynamique interne responsable de cette variation de la forme dans la mode? Une dynamique qui naîtrait de manière indépendante, des tendances du passé? Ou qui absorberait, à divers degrés, d'autres influences externes émanant du climat mondial, comme la situation socio-économique? Les historiens du costume se sont penchés sérieusement sur la seconde théorie[11]. Pourtant, le rôle d'une force d'impulsion interne dictant l'évolution de la forme ou de la silhouette dans la mode n'a en général fait l'objet d'aucune étude approfondie.

[1] Luke Limner (pseud. de John Leighton), *Madre Natura Versus the Moloch of Fashion*, Londres, Chatto and Windus, 1874, p. 26.

[2] Fernand Braudel, *Les structures du quotidien : le possible et l'impossible*, tome 1 de *Civilisation matérielle, économie et capitalisme, XVe – XVIIIe siècle*, Paris, Librairie Armand Colin, 1979, p. 276.

[3] Joan Evans, *Dress in Medieval France*, Londres, Oxford University Press, 1952, p. 16.

[4] Braudel, *op. cit.*; Elizabeth Wilson, *Adorned in Dreams: Fashion and Modernity*, Londres, Virago Press, 1985, p. 20. La naissance de la mode a également été associée au raccourcissement subit de la partie supérieure du costume masculin.

[5] Elizabeth Wilson, *op. cit.*, p. 20; Chandra Mukerji, *From Graven Images: Patterns of Modern Materialism*, New York, Columbia University Press, 1983, p. 170; Dwight E. Robinson, « The Importance of Fashions in Taste to Business History: An Introductory Essay », *Business History Review*, vol. 37, 1963, p. 15.

[6] Gilles Lipovetsky, *L'empire de l'éphémère : la mode et son destin dans les sociétés modernes*, Paris, Éditions Gallimard, coll. « Bibliothèque des Sciences Humaines », 1987, p. 37.

[7] Jacqueline Herald, *Renaissance Dress in Italy 1400-1500*, Londres, Bell and Hyman, 1981, p. 69; Edward Sapir, « Fashion », *Encyclopedia of the Social Sciences*, vol. 6, 1948, p. 141.

[8] Gilles Lipovetsky, op. cit., p. 35.

[9] Madeleine Ginsburg, *An Introduction to Fashion Illustration*, Londres, The Compton Press Ltd./Wiltshire and Pitman Publishing Ltd., 1980, p. 3; Madeleine Delpierre, *Le costume – Consulat-Empire*, coll. « La grammaire des styles », Paris, Flammarion, 1990, p. 8.

[10] Valerie Steele, *Fashion and Eroticism: Ideals of Feminine Beauty from the Victorian Era to the Jazz Age*, New York, Oxford, Oxford University Press, 1985, p. 80.

[11] Pour un bref exposé de certains des principaux points reliés au rôle du climat (ou du contexte) mondial et d'autres théories sur le phénomène de la mode, voir Valerie Steele, *op. cit.*, p. 13-48; Elizabeth Wilson, *op. cit.*, p. 47-67; Jeanette C. Lauer et Robert H. Lauer, *Fashion Power: The Meaning of Fashion in American Society*, Englewood Cliffs (New Jersey), Prentice Hall, Inc., 1981, p. 1-35. Pour une publication récente sur l'un des aspects intéressants du rôle du contexte mondial, voir Grant McCracken, « Textile History and the Consumer Epidemic: An Anthropological Approach to Popular Consumption and the Mass Market », *Material History Bulletin/Bulletin d'histoire de la culture matérielle*, vol. 31, printemps 1990, p. 59-63.

I
A Historical Perspective

"As the hermit-crab selects the shell of a whelk and grows
to its shape, so does the modern dame - but no sooner has she
acquired the desired form than fashion demands another."[1]

F orm or shape has not always been a significant element in stylish Western European female clothing. During the early Middle Ages there was little of it in the loosely hanging garments of the time; they created an effect somewhat similar to the relatively shapeless attire of antiquity.[2] Around 1230, in medieval France, women began to be more tightly laced into their bodices.[3] This closer fit, giving the upper part of the dress a more definite form, has been associated with the ultimate birth of fashion in feminine dress. This has also been linked to the appearance of décolletage, exaggeration in certain areas such as the sleeves and hemlines, astounding headdresses, jewellery and extravagant fabrics. The development is most often conceded to have taken place in Burgundy, in the mid-fourteenth century.[4] The phenomenon has been associated with increasing wealth and material ease, the result of a growing mercantile capitalism and the expansion of Western European trade routes.[5] It has also been associated with the birth of the modern Western world.[6]

With the Renaissance and its greater concern for individual status, some acceleration in modish change occurred, fashion itself since its inception having been an indicator of rank.[7] During the following centuries, evolution in style continued to be characterized more by fluctuation in ornamentation than in silhouette.[8]

A growing demand for new styles, at least partially satiated by speedier changes in silhouette, is apparent in the last quarter of the eighteenth century,[9] and the tempo of change increased in the following century.[10] Evolution in silhouette from one dominant mode to another assumed importance, and invites inquiry into selected aspects of its enigmatic process.

Can we perceive an internal dynamic of change responsible for this fluctuation in stylish form, one which independently springs out of trends of the past; one which also operates, in varying degrees, in tandem with other exterior influences emanating from the world climate, such as socio-economic ones? Much attention has been paid by costume historians to the latter approach.[11] Yet the role of an inner momentum dictating the evolution of form or shape in the fashion process has been somewhat neglected.

[1] Luke Limner (pseud. of John Leighton), *Madre Natura Versus the Moloch of Fashion* (London: Chatto and Windus, 1874), p. 26.

[2] Fernand Braudel, *The Structures of Everyday Life: The Limits of the Possible*, vol. 1 of *Civilization and Capitalism: 15th - 18th Century*, trans. and rev. Siân Reynolds (New York: Harper and Row, 1982), p. 316.

[3] Joan Evans, *Dress in Medieval France* (London: Oxford University Press, 1952), p. 16.

[4] Braudel, *op. cit.*; Elizabeth Wilson, *Adorned in Dreams: Fashion and Modernity* (London: Virago Press, 1985), p. 20. The birth of fashion is also associated with the sudden shortening of the upper part of men's costume.

[5] Elizabeth Wilson, *op. cit.*, p. 20; Chandra Mukerji, *From Graven Images: Patterns of Modern Materialism* (New York: Columbia University Press, 1983), p. 170; Dwight E. Robinson, "The Importance of Fashions in Taste to Business History: An Introductory Essay", *Business History Review*, vol. 37 (1963), p. 15.

[6] Gilles Lipovetsky, *L'empire de l'éphémère : la mode et son destin dans les sociétés modernes*. Bibliothèque des Sciences Humaines (Paris: Éditions Gallimard, 1987), p. 37.

[7] Jacqueline Herald, *Renaissance Dress in Italy 1400-1500* (London: Bell and Hyman, 1981), p. 69; Edward Sapir, "Fashion", *Encyclopedia of the Social Sciences*, vol. 6 (1948), p. 141.

[8] Gilles Lipovetsky, *op. cit.*, p. 35.

[9] Madeleine Ginsburg, *An Introduction to Fashion Illustration* (London: The Compton Press Ltd./Wiltshire and Pitman Publishing Ltd., 1980), p. 3; Madeleine Delpierre, *Le costume - Consulat-Empire*, (Paris: *La grammaire des styles*, Flammarion, 1990), p. 8.

[10] Valerie Steele, *Fashion and Eroticism: Ideals of Feminine Beauty from the Victorian Era to the Jazz Age* (New York, Oxford: Oxford University Press, 1985), p. 80.

[11] For brief discussions on some of the principal issues related to this role of the world climate (or context), and other theories on the phenomenon of fashion, see Valerie Steele, *op. cit.*, pp. 13-48; Elizabeth Wilson, *op. cit.*, pp. 47-67; Jeanette C. Lauer and Robert H. Lauer, *Fashion Power: The Meaning of Fashion in American Society* (Englewood Cliffs, New Jersey: Prentice Hall, Inc., 1981), pp. 1-35. For a recent publication on one of its interesting aspects see Grant McCracken, "Textile History and the Consumer Epidemic: An Anthropological Approach to Popular Consumption and the Mass Market", *Material History Bulletin/Bulletin d'histoire de la culture matérielle*, Spring, vol. 31 (1990), pp. 59-63.

II
Évolution :
une dynamique interne

À la fin du dix-neuvième siècle et au début du vingtième, de nombreux historiens de l'art estimaient que l'évolution stylistique était le résultat d'une dynamique interne agissant de manière indépendante. Ceux-ci ont décelé, selon des perspectives différentes, une « destinée intrinsèque que les styles artistiques sont susceptibles de suivre[1] ». Heinrich Wölfflin (1864-1945), Alois Riegl (1858-1905) et Henri Focillon (1881-1943) sont trois historiens d'art dont les noms reviennent souvent.

Les théories de Wölfflin et de Riegl ayant évolué et varié, il est difficile de résumer leur pensée[2]. Toutefois, d'après l'un des concepts clés de la théorie de Wölfflin, l'évolution stylistique qui a marqué l'art de la Renaissance – au moment où elle était à son apogée – et s'est poursuivie jusqu'à l'époque baroque était de nature interne, indépendante et logique puisque sa voie était déjà toute tracée par les tendances du passé. Selon Wölfflin, « les conditions extérieures ne peuvent que retarder ou faciliter le processus; elles n'en sont pas les causes[3] ». Il traite également des caractéristiques stylistiques – semblables à celles des deux mouvements artistiques susmentionnés – qui reviennent constamment dans l'histoire de l'art et de l'architecture[4].

Dans l'ensemble, Riegl réfute ou minimise aussi l'influence de facteurs externes. Pour lui, le changement stylistique s'explique en termes d'évolution organique interne, comme un processus relativement autonome. Ainsi, « chaque phase stylistique crée ses propres problèmes qui sont résolus durant la phase suivante et qui ne servent qu'à engendrer de nouveaux conflits pour lesquels il faudra trouver de nouvelles solutions[5] ».

De même, dans le désormais classique *Vie des formes*, Focillon insiste sur le caractère autonome de l'évolution ou des transformations de la forme ou de la silhouette en histoire de l'art. Les formes, dit-il, « obéissent à des règles qui leur sont propres, qui sont en elles...[6] ». « Elles sont soumises au principe de métamorphoses, qui les renouvelle perpétuellement, et au principe des styles qui... tend successivement à éprouver, à fixer et à défaire leurs rapports[7]. » Focillon parle ici du cycle d'un style artistique donné, qui fait d'abord une timide apparition avant de s'implanter solidement et finalement de disparaître. « Un style prend fin, un autre naît à la vie. L'homme est contraint de recommencer les mêmes recherches...[8] » Ici, l'auteur fait référence à la récurrence de certains styles artistiques, avec leurs variantes, dans l'histoire de l'art. Wölfflin fait

également allusion à ces rythmes cycliques et à cette périodicité propres à la répétition d'un style, mais pas Riegl.

De telles théories, où le déterminisme historique est appliqué à l'évolution du style et de la forme artistiques, sont encore généralement controversées. Les historiens d'art de la dernière partie du vingtième siècle les considèrent habituellement comme insoutenables d'un point de vue plus contextuel. Pourtant, quelques questions intéressantes et plus positives ont été soulevées; elles touchent au rôle du déterminisme historique dans l'évolution des styles artistiques et à la création d'un mouvement de pendule[9]. Pour étayer cette proposition, nous pourrions ajouter que l'opposition, mentionnée précédemment, à ces théories d'évolution culturelle a été menée trop loin, et qu'en conséquence, certains aspects véridiques et utiles n'ont pas été pris en considération[10].

Nous allons maintenant étudier d'un point de vue théorique l'évolution de la forme stylistique, ou silhouette, dans le costume féminin, et nous attarder sur des points semblables à ceux qui ont été examinés en histoire de l'art. Ce processus énigmatique de la mode est complexe : notre but n'est pas de simplifier ce phénomène, mais de nous pencher sur l'un de ses aspects, soit la théorie selon laquelle il existe une dynamique interne d'évolution, un déterminisme historique jouant un important rôle de catalyseur dans l'évolution de la forme dans la mode. L'existence d'un schème reconnu et prédéterminé, suivi et répété à mesure qu'évoluent les formes ou les silhouettes au cours de l'histoire, peut mener à un tel concept général. On a dit par exemple que l'on retrouvait dans les modes antérieures les formes des modes à venir[11]. Ou encore que l'apparition d'une nouvelle forme dans la mode était précédée d'une période d'incertitude, d'un certain laps de temps, avant que ne s'implante un nouveau style[12]. La forme qui évolue se transforme jusqu'à épuiser ses possibilités matérielles avant d'atteindre son état final. Puis elle change de direction, la tendance disparaît et une autre étape stylistique s'amorce[13]. Un tel processus évoque le cycle biologique de la naissance, de la maturité et du déclin[14]. En outre, certaines formes dans la mode ont tendance à se répéter, suggérant de nouveau un processus cyclique[15].

Avant de démontrer, une fois de plus, l'existence de cette mystérieuse dynamique interne, certains spécialistes se sont penchés, mais de manière plus précise, sur le phénomène de l'évolution de la forme dans la mode. Leurs recherches couvraient cependant des périodes plus longues que celle

II
An Internal Dynamic of Change

D uring the late nineteenth and early twentieth centuries a number of art historians studied the theory that stylistic evolution is the result of an internal independent dynamic of change. They saw, with varying perspectives, an "intrinsic destiny which artistic styles are likely to follow".[1] Three art historians frequently mentioned in this context are Heinrich Wölfflin (1864-1945), Alois Riegl (1858-1905) and Henri Focillon (1881-1943).

Wölfflin's and Riegl's theories evolved and changed to varying degrees throughout their lives, making it difficult to summarize their thought.[2] However, one of the key concepts of Wölfflinian theory was that the stylistic evolution from the art of the High Renaissance period to that of the Baroque was an internal, independent logical one, since its predetermined path evolved from past trends. Wölfflin believed that "outer conditions can only retard or facilitate the process, they are not amongst its causes".[3] The author also discussed the notion of stylistic characteristics, similar to those of the two above-mentioned art movements, recurring throughout the history of art and architecture.[4]

Riegl's overall view also refuted or minimized the influence of external factors. For him, stylistic change could be explained in terms of an internal organic evolution, as a relatively autonomous development: "every stylistic phase creates its own problems which are solved in the succeeding one, only to create new conflicts for which new answers have to be found".[5]

Similarly Focillon, in his classic work the *Vie des Formes*, focused on the evolution, or changes, of form or shape in the history of art as also being autonomous. He wrote that "forms obey their own rules - rules that are inherent in the forms themselves".[6] They "are subjected to the principal of metamorphoses by which they are perpetually renewed... first tested, then made fast, and finally disrupted".[7] Focillon is here referring to a cycle of a particular artistic style, when the style tenuously appears, then becomes established and finally disappears. "One style comes to an end; another comes to life. It is only natural that mankind should re-evaluate these styles over and over again".[8] Here the author is referring to the repetitive appearance of certain artistic styles, with modifications, throughout art history. Suggestions of such cyclical rhythms and periodicity, implied in the repetition of a style, are found also in Wölfflin, but are not present in Riegl's theory.

Such theories, applying historical determinism to the evolution of artistic style and form, have been and still are on the whole controversial; they are generally untenable in view of a more contextual approach by art historians of the later twentieth century. Yet there have been some interesting queries of a more positive nature regarding the role of historical determinism in the evolution of artistic styles, and the creation of a pendulum-like swing.[9] To strengthen this thesis, we might argue that the previously-mentioned reaction against such theories of cultural evolution has been carried too far, with the consequent ignoring of some true and useful insights.[10]

A theoretical approach, focusing on issues similar to those in art history, will now be applied to the evolution of stylistic form, or shape, in feminine dress. This enigmatic fashion process is a complex one: the aim is not to simplify the phenomenon, but to focus on one of its aspects. This is the theory acknowledging the presence of an internal dynamic of change, an historical determinism as a strong element motivating evolution in fashionable form. The existence of an acknowledged pre-ordained pattern which is followed and repeated as fashionable shapes or silhouettes evolve throughout history can infer such a general concept. For instance, it has been stated that the shapes of fashions-to-be are found in previous ones.[11] Also that the appearance of a new fashionable form will be preceded by an element of uncertainty, a lapse of time occurring before the new style is established.[12] As the form evolves and changes its shape, it will extend itself until it has exhausted its material possibilities, thus reaching its termination point. It will then change direction, the trend will disappear and another stylistic period of dress will be initiated.[13] Such a process suggests a biological cycle related to birth, maturity and decay.[14] In addition, certain forms in fashion have a tendency to repeat themselves, suggesting again a cyclical process.[15]

There are scholars who have probed the evolution of fashionable form in a more precise manner, but for broader periods than our mandate, to again suggest the presence of the mysterious inner dynamic. Agnes Brooks Young, author of the often quoted *Recurring Cycles of Fashion: 1760-1937* of 1937, used at least 8,000 fashion illustrations dating from 1760 to 1937 to investigate recurrent cycles of three basic silhouettes or "contours". The focus was on day-time dress, and specifically on the skirt.[16] She identified three main basic shapes which appeared repeatedly with slowly

de notre étude. Agnes Brooks Young, auteure de l'ouvrage de 1937 souvent cité *Recurring Cycles of Fashion: 1760-1937*, a utilisé au moins huit mille illustrations de mode datant de 1760 à 1937 pour étudier les cycles répétitifs de trois silhouettes ou « contours » de base. Son étude portait spécialement sur la robe de jour, plus précisément la jupe[16]. Elle a ainsi identifié trois formes principales de jupe qui reviennent régulièrement durant la période examinée, mais avec quelques variantes se produisant à un rythme lent. Il s'agit de la jupe tubulaire, de la jupe cloche et de la jupe à ampleur rejetée vers l'arrière. Chacune de ces formes est demeurée en vogue pendant environ trente ans, toujours modifiée mais toujours reconnaissable. Cent ans plus tard elles réapparaissaient, créant ainsi un cycle historique. Un modèle à ampleur arrière a par exemple existé de 1760 à 1795, puis refait surface pendant les trois dernières décennies du siècle suivant[17]. Selon Brooks Young, « les changements fondamentaux et durables inhérents aux cycles de la mode sont tout à fait indépendants des événements historiques, de la pensée et des idéaux d'une époque et de toute période artistique, bien que certains de ces éléments puissent, à l'occasion, laisser leur empreinte sur le costume[18] ».

Les ouvrages très connus des anthropologues Jane Richardson et A. L. Kroeber traitent des fluctuations à long terme qui se répètent dans l'histoire de la mode occidentale et étudient l'évolution de certaines mesures dans six éléments du costume occidental. Cette base leur a permis d'établir une histoire cyclique de l'augmentation et de la diminution des mesures et de la récurrence du schème ainsi formé. La période étudiée comprend plus de trois siècles (1605-1936)[19]. Ces découvertes furent ensuite étayées dans un article étudiant les données recueillies pour la période de 1787 à 1936[20]. Celles-ci consistaient en plusieurs milliers de mesures relatives à différents types de robe du soir.

L'un des éléments mesurés dans l'analyse Richardson-Kroeber est la largeur de la jupe à l'ourlet. L'étude révèle la présence d'un cycle répétitif où l'expansion de la jupe en précède la diminution. Ici l'« oscillation » est d'environ cent ans, soit le laps de temps qui s'écoule entre deux « crêtes », (largeur maximale de la jupe), et entre deux « creux », (largeur minimale de la jupe)[21]. Par exemple, « les jupes étaient nettement à leur largeur minimale en 1811 et en 1926[22] ».

À l'intérieur de ces grandes vagues naissent également des modes saisonnières qui donnent lieu à des renversements mineurs et temporaires dans des tendances à sens unique. Ainsi, on note une augmentation des variantes lors de périodes de grands bouleversements, comme l'époque révolutionnaire napoléonienne, la Première Guerre mondiale et l'époque qui s'ensuivit[23]. Mais ces changements ne modifient pas la direction à long terme de la fluctuation : les variantes touchent des tendances stylistiques indépendantes déjà existantes[24]. Selon le sémiologue Roland Barthes, ces découvertes indiquent que le cours de la mode n'est pas influencé par celui de l'histoire, mais par un rythme interne de changement, exception faite de légères modifications durant d'importantes périodes historiques d'agitation[25].

Plus récemment, l'historienne du costume Valerie Steele a approuvé cette théorie de l'importance de la dynamique interne du changement dans la mode. Mais son étude n'est pas centrée sur les cycles d'expansion et de contraction de certains éléments du costume ou sur les cycles reliés aux modifications dans la forme ou la silhouette. Abordant la question sous un angle différent, elle affirme qu'en général, les principaux changements ne sont pas tant le résultat, comme on le croit habituellement, de certains événements historiques, mais qu'ils sont plutôt d'origine interne. À titre d'exemple, elle cite les nouveaux styles que l'on estime être le produit de la Révolution française ou de la Première Guerre mondiale, comme la robe blanche ample, très en vogue à la fin du dix-huitième siècle et au début du dix-neuvième, dont la création a le plus souvent été attribuée à la démocratisation engendrée par la Révolution française. Or cette robe est née avant 1789[26]. Steele associe plutôt ce style au classicisme des beaux-arts et des arts décoratifs de l'époque[27] et y voit une transformation de la robe à la ligne floue, de type négligé, en vogue à la fin du dix-septième et au dix-huitième siècles[28]. Selon l'auteure, les changements stylistiques dans le costume sont en général « davantage reliés aux styles d'époques antérieures et au processus interne d'évolution de la mode » et ce, en dépit des liens, quels qu'ils soient, qu'ils peuvent avoir avec une « culture plus large » ou une évolution sociale[29].

1 E. H. Gombrich, « Style », *International Encyclopedia of the Social Sciences*, vol. 15, 1968, p. 356. Le langage descriptif de la mode a également été étudié en tant que phénomène évolutif indépendant. Voir Roland Barthes, *Système de la mode*, Paris, Éditions du Seuil, 1967. Certains philosophes et historiens considèrent aussi la science « comme un autre système indépendant entraînant des changements d'orientation internes, ouvrant ainsi la voie à de nouvelles discussions ». Voir Mary Douglas, compte rendu de *Fashion and Eroticism: Ideals of Feminine Beauty from the Victorian Era to the Jazz Age* de Valerie Steele, *Times Literary Supplement*, 8 novembre 1985, p. 1254.

2 Michael Podro, *The Critical Historians of Art*, New Haven, Yale University Press, 1982, p. 98; Otto Pacht, « Art Historians and Art Critics – VI: Alois Riegl », *Burlington Magazine*, vol. 15, 1963, p. 188.

3 Meyer Schapiro, « Style » dans *Aesthetics To-day*, éd. Morris Philipson et Paul J. Gudel, 1re éd. rev., New York et Scarborough (Ontario), Meridian, 1980, p. 152.

4 Heinrich Wölfflin, *Principles of Art History: the Problem of the Development of Style in Later Art*, trad. de M. D. Hottinger, 2e éd., New York, Dover Publications, 1950, p. 231-235.

5 Otto Pacht, *op. cit.*, p. 189. La thèse est énoncée pour la première fois dans l'une des premières publications de Riegl sur l'histoire de l'ornementation, *Stilfragen* (questions stylistiques), éditée en 1893.

6 Henri Focillon, *Vie des formes*, Paris, Librairie Félix Alcan, 1939, p. 22. Dans son traité, Focillon se réfère de manière générale à l'ensemble des arts, mais souvent à la sculpture et utilise les termes forme, figure, masse et contour de façon interchangeable. Dans ce passage en particulier, il parle de la manière dont les formes évoluent lorsqu'elles passent d'une phase stylistique à une autre.

7 *Ibid*, p. 10, 11.

8 *Ibid*, p. 23.

9 Otto Pacht, *op. cit.*, p. 193.

10 Thomas Munro, *Evolution in the Arts and Other Theories of Culture History*, Cleveland, The Cleveland Museum of Art, 1963, p. XVII.

11 Janet Arnold, « The Cut and Construction of Women's Dresses: 1890-1914 » dans *La Belle Époque*, procès-verbal de la First Annual Conference of the Costume Society, avril 1967, éd. Ann Saunders, Londres, Victoria and Albert Museum, 1968, p. 26; Herbert G. Blumer, « Fashion: From Class Differentiation to Collective Selection », *The Sociological Quarterly*, été 1969, p. 283.

12 Agnes Brooks Young, *Recurring Cycles of Fashion: 1760-1937*, New York et Londres, Harper and Brothers Publishers, 1937, p. 139-142.

changing modifications during her period of study: the tubular skirt, the bell-shaped skirt and the skirt with back fullness. Each basic shape persisted for an average of about thirty years, always changing but keeping an identifiable basic shape. Then it recurred after about one hundred years, thus creating a cyclical history. For instance, a model with back fullness existed from about 1760-1795 and again in approximately the last three decades of the following century.[17] Brooks Young writes "the fundamental and durable changes that are embodied in fashion cycles are independent of historic events, of epochs of thought and ideals and of artistic periods, though some at least of these things may occasionally leave a trace on dress".[18]

Anthropologists Jane Richardson and A. L. Kroeber in well-known publications dealt with repetitive long-term swings in the history of fashionable Western dress, focusing on certain measurements in six selected features of dress in Western fashionable costume. This formed the basis for suggesting a cyclical history for the rise and fall in measurements, and for the recurrence of the pattern so formed. The authors' survey spanned approximately three centuries (1605-1936).[19] These findings were further consolidated in a subsequent article, focusing on data from 1787 to 1936.[20] The data consisted of several thousand measurements of evening dress of various types.

One of the features of dress measured in the Richardson-Kroeber analysis is the width of the hemline. In these surveys, it had a continuing history of repeating a cycle of expansion followed by contraction. Here we have so-called wave-lengths of approximately one hundred years, the time-span between one "crest" of maximum width in hem fullness until the next instance of the same, and between one "trough" of minimum narrowness until its next instance.[21] For example, "skirts were clearly at minimum width in 1811 and again in 1926".[22]

Within these major swings there were also seasonable modes resulting in some temporary minor reversals in one-way trends. Higher variability within the swing was documented during periods of stress, such as revolutionary Napoleonic times, World War I, and its post-war period.[23] But the variations did not alter the long-term direction of the swing: the variations were imposed upon existing independent stylistic patterns.[24] The semiologist Roland Barthes stresses that these findings indicate that the path of fashion is not influenced by the course of history, but by an inner rhythm of change, except for some slight alterations during major historical upheavals.[25]

More recently the costume historian Valerie Steele has supported the importance of the internal dynamic of change in fashion. She does not focus on cycles of expansion and contraction in certain features of dress, nor on those connected with changes in form or shape. Her thesis takes a different approach, suggesting that major fashion changes generally are not so directly connected to certain historical events as is usually thought, but originate internally. As examples she cites those new styles that have been seen as a product of the French Revolution or the First World War. For instance, she mentions a type of simple loose-fitting white dress, popular in the late eighteenth and early nineteenth centuries, whose appearance has most often been attributed to the democratizing influence of the French Revolution. It appeared, however, before 1789.[26] Steele associates the phenomenon of this style with the classicizing trend in the decorative and fine arts of the time.[27] But she also sees it as an evolution from the stylish loose negligée type of dress of the late seventeenth and eighteenth centuries.[28] The writer generalizes that change in clothing styles, in spite of whatever connections they might have with the "wider culture" and with social evolution, are "more directly related to earlier styles and to the internal process of fashion change".[29]

1 E. H. Gombrich, "Style", *International Encyclopedia of the Social Sciences*, vol. 15 (1968), p. 356. The language of fashion description has also been studied as a phenomenon that has evolved independently. See Roland Barthes, *Système de la mode* (Paris: Editions du Seuil, 1967). In addition there are philosophers and historians of science who see science as "another independent system which generates its own internal shifts creating new fields for curiosity". See Mary Douglas, review of *Fashion and Eroticism: Ideals of Feminine Beauty from the Victorian Era to the Jazz Age* by Valerie Steele, *Times Literary Supplement*, 8 November 1985, p. 1254.

2 Michael Podro, *The Critical Historians of Art* (New Haven: Yale University Press, 1982), p. 98; Otto Pacht, "Art Historians and Art Critics - VI: Alois Riegl", *Burlington Magazine*, vol. 15 (1963), p. 188.

3 Meyer Schapiro, "Style", in *Aesthetics To-day*, Morris Philipson and Paul J. Gudel, eds., 1st rev. ed. (New York and Scarborough, Ontario: Meridian, 1980), p. 152.

4 Heinrich Wölfflin, *Principles of Art History: the Problem of the Development of Style in Later Art*, tr. M. D. Hottinger, 2nd ed. (New York: Dover Publications, 1950), pp. 231-235.

5 Otto Pacht, *op. cit.*, p. 189. The thesis is initially stated in Riegl's early publication on the history of ornament, *Stilfragen* (stylistic questions), published in 1893.

6 Henri Focillon, *The Life of Forms in Art*, tr. Charles Beecher Hogan and George Kubler, 2nd ed. rev. (New York: Wittenborn, Schultz, Inc., 1948), p. 10. In his treatise, Focillon broadly refers to all the arts, but frequently focuses on sculpture. He uses the words form, shape, mass and contour interchangeably. In this particular passage he is referring to the manner in which forms evolve as they pass from one stylistic phase to another. The original French publication, *Vie des Formes*, first appeared in Paris in 1934.

7 *Ibid*, p. 6.

8 *Ibid*, p. 11.

9 Otto Pacht, *op. cit.*, p. 193.

10 Thomas Munro, *Evolution in the Arts and Other Theories of Culture History* (Cleveland: The Cleveland Museum of Art, 1963), p. XVII.

11 Janet Arnold, "The Cut and Construction of Women's Dresses: 1890-1914" in *La Belle Époque*, Proceedings of the First Annual Conference of the Costume Society, April 1967, edited by Ann Saunders (London: Victoria and Albert Museum, 1968), p. 26; Herbert G. Blumer, "Fashion: From Class Differentiation to Collective Selection", *The Sociological Quarterly*, Summer (1969), p. 283.

12 Agnes Brooks Young, *Recurring Cycles of Fashion: 1760-1937* (New York and London: Harper and Brothers Publishers, 1937), pp. 139-142.

13 Herbert G. Blumer, *op. cit.*, p. 283.

14 W. Eugene Kleinbauer, *Modern Perspectives in Western Art History: An Anthology of 20th-century Writings on the Visual Arts* (New York: Holt, Rhinehart and Winston, Inc., 1971), p. 24.

15 Philippe Perrot, *Les dessus et les dessous de la bourgeoisie : une histoire du vêtement au XIXe siècle* (Librairie Arthème Fayard, 1981), p. 43.

16 Agnes Brooks Young, *op. cit.*, pp. 3, 7, 18, 21.

17 *Ibid*, p. 22.

18 *Ibid*, p. 61.

19 Jane Richardson and A. L. Kroeber, "Three Centuries of Women's Dress Fashions: A Quantitative Analysis", *Anthropological Records*, vol. 5 (1940-1947), pp. 111-153.

[13] Herbert G. Blumer, *op. cit.*, p. 283.

[14] W. Eugene Kleinbauer, *Modern Perspectives in Western Art History: An Anthology of 20th-Century Writings on the Visual Arts*, New York, Holt, Rhinehart and Winston, Inc., 1971, p. 24.

[15] Philippe Perrot, *Les dessus et les dessous de la bourgeoisie : une histoire du vêtement au XIXᵉ siècle*, Librairie Arthème Fayard, 1981, p. 43.

[16] Agnes Brooks Young, *op. cit.*, p. 3, 7, 18, 21.

[17] *Ibid*, p. 22.

[18] *Ibid*, p. 61.

[19] Jane Richardson et A. L. Kroeber, « Three Centuries of Women's Dress Fashions: A Quantitative Analysis », *Anthropological Records*, vol. 5, (1940-1947), p. 111-153.

[20] Jane Richardson et A. L. Kroeber, « Three Centuries of Women's Dress Fashions: A Quantitative Analysis - 1940 » dans *The Nature of Culture*, éd. A. L. Kroeber, Chicago, University of Chicago Press, 1955, nᵒ 45, p. 358-372. Pour le premier article de Kroeber sur le sujet, voir A. L. Kroeber, « On the Principle of Order in Civilization as Exemplified by Changes in Fashion », *American Anthropologist*, vol. 21, 1919, p. 235-263. Un compte rendu de cet article fut rédigé ultérieurement par A. L. Kroeber, « Order in Changes of Fashion – 1919 » dans *The Nature of Culture*, éd. A. L. Kroeber, Chicago, University of Chicago Press, 1955, nᵒ 42, p. 332-336.

[21] Jane Richardson et A. L. Kroeber, « Three Centuries of Women's Dress Fashions: A Quantitative Analysis – 1940 » dans *The Nature of Culture*, éd. A. L. Kroeber, Chicago, University of Chicago Press, 1955, nᵒ 45, p. 358.

[22] *Ibid*, p. 358.

[23] *Ibid*, p. 369.

[24] *Ibid*, p. 371.

[25] Roland Barthes, *op. cit.*, p. 297-298. Dans cet ouvrage très connu, Barthes traite de la structure du langage de la mode tel qu'il était utilisé dans les magazines de mode publiés durant la période couverte par son étude (1957-1963). Voir p. 7 pour une brève description de son projet.

[26] Valerie Steele, *Paris Fashion: A Cultural History*, New York, Oxford, Oxford University Press, 1988, p. 38-41.

[27] *Ibid*, p. 40.

[28] *Ibid*, p. 41.

[29] *Ibid*, p. 40. On accepte en général l'idée que le germe de toute nouvelle mode provient de styles précédents. Voir p. 50 et Section III, p. 60. Voir aussi Valerie Steele, *Fashion and Eroticism: Ideals of Feminine Beauty from the Victorian Era to the Jazz Age*, New York, Oxford, Oxford University Press, 1985, p. 5, 6.

[20] Jane Richardson and A. L. Kroeber, "Three Centuries of Women's Dress Fashions: A Quantitative Analysis - 1940", in *The Nature of Culture*, ed. A. L. Kroeber (Chicago: University of Chicago Press, 1955), no. 45, pp. 358-372. For his first article on the same subject, see A. L. Kroeber, "On the Principle of Order in Civilization as Exemplified by Changes in Fashion", *American Anthropologist*, vol. 21 (1919), pp. 235-263. A report on this article was later written by A. L. Kroeber, "Order in Changes of Fashion - 1919" in *The Nature of Culture*, ed. A. L. Kroeber (Chicago: University of Chicago Press, 1955), no. 42, pp. 332-336.

[21] Jane Richardson and A. L. Kroeber, "Three Centuries of Women's Dress Fashions: A Quantitative Analysis - 1940", in *The Nature of Culture*, ed. A. L. Kroeber (Chicago: University of Chicago Press, 1955), no. 45, p. 358.

[22] *Ibid*, p. 358.

[23] *Ibid*, p. 369.

[24] *Ibid*, p. 371.

[25] Roland Barthes, *op. cit.*, pp. 297-298. This well-known publication investigates the structure of the language of fashion as it appeared in fashion magazines contemporary with the years the investigation covered (1957-1963). For a brief elucidation of his project, see Barthes, p. 7.

[26] Valerie Steele, *Paris Fashion: A Cultural History* (New York, Oxford: Oxford University Press, 1988), pp. 38-41.

[27] *Ibid*, p. 40.

[28] *Ibid*, p. 41.

[29] *Ibid*, p. 40. The idea that the seed of a new fashion is found in prior styles is a generally accepted one. See p. 51 and Section III, p. 61. Also see Valerie Steele, *Fashion and Eroticism: Ideals of Feminine Beauty from the Victorian Era to the Jazz Age* (New York, Oxford: Oxford University Press, 1985), pp. 5 and 6.

III
Photographies Notman :
la dynamique d'une manche

L a collection de photographies du Musée McCord d'histoire canadienne est appelée les « Archives photographiques Notman ». Le point fort de cette collection, qui regroupe les œuvres d'un grand nombre de photographes canadiens (700 000 photographies) est constitué par les 400 000 épreuves réalisées entre 1856 et 1935 par l'atelier Notman, éminent studio de photographie florissant établi à Montréal. Son fondateur, William Notman (1826-1891) fut le premier photographe canadien à acquérir une réputation internationale[1]. Peut-être même a-t-il été le photographe le plus influent du dix-neuvième siècle en Amérique du Nord, puisqu'il dirigeait sept studios au Canada et treize aux États-Unis[2].

Lorsque William Notman ouvre son studio à Montréal au milieu du dix-neuvième siècle, la métropole est en pleine expansion, et ses citoyens connaissent une période de prospérité grandissante. Ainsi n'y a-t-il rien d'étonnant à ce que le portrait constitue la part la plus importante de la production du studio : on estime que quatre-vingts pour cent des photographies prises à l'atelier étaient des portraits[3]. La majorité des modèles étaient des anglophones, pour la plupart originaires de Montréal et des environs.

Doué du sens des affaires et d'un esprit méthodique, William Notman décide, en 1861, de faire tirer une épreuve supplémentaire pour chaque négatif de portrait. Chacune des épreuves est numérotée selon un ordre séquentiel et le modèle est identifié. Puis les épreuves sont placées dans des registres datés de l'année de leur exécution. À compter de 1880 environ, on indique sur les portraits « format album » le mois et le jour de leur réalisation. On pouvait ainsi repérer plus facilement un négatif lorsque le client décidait plus tard d'en faire tirer des épreuves supplémentaires. Notre collection de portraits du dix-neuvième siècle du studio Notman représente, de loin, le dépôt le plus important de portraits photographiques datés et identifiés pour la période de 1861 à 1900[4].

Jusqu'à la dernière décennie du dix-neuvième siècle, la majorité des portraits réalisés étaient des portraits en pied; d'autres types de portraits devinrent ensuite plus courants[5]. La collection Notman comprend un nombre impressionnant de modèles datés de costumes montréalais à avoir été réellement portés, de 1861 à 1900. Il s'agit, par extension, d'un outil extrêmement important pour l'étude de plusieurs aspects du vêtement occidental en vogue à cette époque[6]. Il reste à savoir si les Montréalais étaient alors véritablement élégants et quel laps de temps pouvait

Fig. 24
Mme Williams, février/mars 1867.
Mrs. Williams, February/March 1867.
Notman no 25 085-BI.

s'écouler avant qu'ils n'adoptent les nouveaux styles des grandes capitales européennes de la mode.

Après 1858, un service hebdomadaire de courrier par navire postal rejoint Liverpool à Montréal qui peut ainsi recevoir sans délai les dernières nouveautés de la mode de Londres[7]. Dès 1866, la traversée de l'Atlantique peut s'effectuer en douze jours seulement[8]. De plus, l'inauguration du pont Victoria, en 1859, permet au port de Montréal, auparavant fermé au trafic maritime durant la saison hivernale, de recevoir régulièrement de la

III
Notman Photographs:
The Dynamic of a Sleeve

T he Notman Photographic Archives is the title of the photography collection at the McCord Museum of Canadian History. Although consisting of the work of numerous Canadian photographers (700,000 photographs), a major strength of the collection is the series of 400,000 executed between 1856 and 1935 by Montreal's eminent and flourishing Notman studio. William Notman (1826-1891), the founder, was Canada's first internationally-known photographer.[1] He may also have been the most influential photographer in nineteenth-century North America, since he operated seven studios in Canada and thirteen in the United States.[2]

When William Notman opened his studio in Montreal in the mid-nineteenth century, it was a period of expansion for the metropolis, and one of growing affluence for its citizens. Not surprisingly, studio portrait photography was the most important part of the studio's production: it is estimated that eighty per cent of its work was in the realm of portraiture.[3] The majority of photographs are of anglophone sitters, most of whom would be from Montreal and the surrounding area.

Having a methodical business-like mind, from 1861 William Notman arranged to have an extra print executed for each portrait negative, giving it a number in sequential order and identifying the sitter. These prints were placed in record picture books that were dated as to the year of execution. From about 1880 onwards, the cabinet photographs were identified with the month and day of their execution. This information would facilitate the pulling of a negative should a customer wish to return at a later date and order additional prints. The McCord collection of nineteenth-century portraits from the Notman studio includes by far the largest deposit in existence of dated and identified portrait photographs for the period of 1861 to 1900.[4]

Although full-length portraits cease to dominate in the last decade of the nineteenth century, they form the majority for the earlier period.[5] The collection documents an immense number of dated examples of Montreal dress, as it was actually worn, for the period of 1861 to 1900. By extension it is an extremely important tool for the study of many aspects of Western fashionable dress of the time.[6] The question now arises as to just how fashionable Montrealers were in this period, and what was the time-lag involved in the adoption of fashions from the fashion capitals of Europe.

Fig. 25
The Englishwoman's Domestic Magazine,
Londres, novembre 1866.
London, November 1866.

With the appearance after 1858 of weekly mail service by steamship between Liverpool and Montreal, fashion news from London now reached the latter city much faster.[7] By 1866 a crossing could take as little as twelve days.[8] In addition, with the opening of the Victoria Bridge in 1859, the port of Montreal, which had previously been closed to ocean traffic during the winter months, could regularly receive merchandise and mail from overseas via the Grand Trunk Railway's link to the ice-free port at Portland, Maine. Montrealers certainly had the opportunity of being up-to-date in their styles. But were they in reality? Evidence indicates that many were.

Fig. 26
Godey's Lady's Book,
Philadelphie, mai 1867.
Philadelphia, May 1867.

GODEY'S FASHIONS FOR MAY 1867.

marchandise et du courrier en provenance d'Europe. Les trains empruntent le Grand Tronc, cette ligne ferroviaire qui dessert le port libre de glace de Portland, dans le Maine. Les Montréalais avaient certes la possibilité d'être à la fine pointe de la mode. Mais l'étaient-ils vraiment? Il semble que c'était le cas pour bon nombre d'entre eux.

À la fin février ou au début du mois de mars de l'année 1867, une certaine Mme Williams se fit photographier au studio Notman (fig. 24; n° Notman 25 085-BI). Elle portait une robe ressemblant à l'un des modèles de la gravure publiée dans le numéro de novembre 1866 de la revue britannique *The Englishwoman's Domestic Magazine* (fig. 25). Une robe semblable (fig. 26)[9], probablement inspirée par le modèle de cette même revue, figure dans le *Godey's Lady's Book* publié à Philadelphie en mai 1867, soit deux mois après la réalisation de la photographie de Mme Williams. Que la robe paraisse plus tard dans la revue américaine laisse supposer que *Godey's* se procurait ses gravures européennes auprès d'un intermédiaire américain, pratique qui, en fait, a été vérifiée[10]. Les images de la dernière mode européenne figuraient parfois avec retard dans les journaux américains pour dames. Par exemple, deux robes illustrées dans « La Mode de Paris » de juillet 1866 ne sont reproduites que onze mois plus tard dans la publication américaine *Peterson's Magazine* (voir fig. 13 et 14)[11]. Un autre magazine féminin, *Graham's American Monthly Magazine of Literature, Art and Fashion,* publiait des gravures copiées des gravures anglaises et françaises, avec un retard allant parfois jusqu'à un an sur la parution des images originales[12].

Mme Williams, probablement une Montréalaise, porte avec fierté un modèle récent; celui-ci ne sera illustré dans un important journal américain pour dames que plus tard. Cela n'a rien d'étonnant lorsque l'on considère le processus de dissémination mentionné ci-dessus. En outre, la jupe du modèle illustré dans *Godey's Lady's Book* semble plus étroite

que celle du portrait Notman. Il est possible que l'image ait été modifiée afin de ne pas choquer les goûts conservateurs des Américains, pratique à laquelle s'adonnait fréquemment l'éditeur[13]. Le vêtement montréalais semble encore plus élégant et luxueux que celui du *Englishwoman's Domestic Magazine*. La jupe de Mme Williams paraît plus ample, plus somptueuse, et de belles épaulettes à volants ont été ajoutées au modèle londonien, tout comme une jolie garniture de même tissu qui simule un col et des poignets. Le modèle en taffetas de soie est tellement récent qu'il semble bruisser à nos oreilles. Il apparaît donc que les Montréalaises pouvaient être à la fine pointe de la mode et d'une élégance raffinée[14].

Mais certains faits nous portent à croire que les Montréalais pouvaient être plus conservateurs devant les nouveaux styles européens. L'auteure d'un article sur la mode paru en 1872 dans la publication montréalaise *L'Album de la Minerve* écrit que sa tâche consiste entre autres à analyser « les nombreux caprices de la mode étrangère pour en ressortir ce qui conviendra davantage à nos bourses et à notre climat[15] ». D'autres cependant soulignent qu'il importe non seulement d'être élégant, mais aussi au goût du jour. Dans le magazine torontois *The Anglo-American Magazine*, vendu également à Montréal, on affirme que les « gravures de mode sont à la gent féminine... ce que les poteaux indicateurs sont aux voyageurs; elles enseignent aux dames à se vêtir avec élégance et en harmonie avec les dernières tendances[16] ». Il était sans doute normal que certaines toilettes montréalaises affichent un élément de conservatisme. Il semble néanmoins que les vêtements portés pour les photographies Notman étaient suffisamment à la page pour que l'on puisse s'en servir aujourd'hui comme d'un outil remarquable pour étudier le vêtement féminin en vogue à Montréal de 1861 à 1900 et, de façon plus générale, dans le monde occidental[17].

In late February or early March of 1867, Mrs. Williams had her photograph taken by the Notman studio (fig. 24; Notman number 25,085-BI) in a gown resembling one found in a fashion plate published in the November 1866 issue of Britain's *The Englishwoman's Domestic Magazine* (see fig. 25). A similar dress, possibly with the same British publication as a source, appeared in *Godey's Lady's Book*, published in Philadelphia in May 1867, two months after Mrs. Williams had her photograph taken (see fig. 26).[9] The greater time-lag suggests *Godey's* use of an American intermediary as a source for its European fashion plates, a practice that has in fact been documented.[10] The evidence indicates that the latest European fashion images did not always appear promptly in American ladies' journals. For instance, two gowns in a fashion plate entitled "La Mode de Paris" of July 1866 appeared as exact copies in the American *Peterson's Magazine* only eleven months later (see figs. 13 and 14).[11] Another American ladies' journal, *Graham's American Monthly Magazine of Literature, Art and Fashion*, offered fashion plates copied from English and French ones up to one year out of date.[12]

Mrs. Williams, probably a Montrealer, is proudly wearing a recent style some time before it appeared in a leading American ladies' journal; this is not surprising when one considers the process of dissemination discussed above. Furthermore, the skirt on the model in *Godey's Lady's Book* appears slimmer than that in the Notman portrait; this feature may have been altered in the image to concur with conservative American taste, a practice favoured by the publisher.[13] The Montreal garment seems even more stylish and rich than that in *The Englishwoman's Domestic Magazine*. Mrs. Williams' skirt looks luxuriously fuller; and fashionable frilled epaulettes have been added to the London model, as has appliquéd self-trimming to simulate a collar and cuffs for further interest. The silk taffeta in the photograph seems to crackle with newness. It would indeed appear that the dress of Montreal women could be very up-to-date and highly fashionable.[14]

There are also hints of a more conservative approach in Montreal to recent European styles. The author of a fashion news column in Montreal's *L'Album de la Minerve* in 1872 wrote that her task included the analysis of "the many whims of foreign styles, in order to select what is most suitable to our means and climate".[15] Yet there were others who argued the importance not only of fashion but also of being up-to-date. In Toronto's *The Anglo-American Magazine*, also available in Montreal, "Mrs. Grundy" advised "Fashion plates are to the sex... what guide-posts are to a traveller; they teach ladies how to dress gracefully, and in unison with the customs of the day".[16] It was probably natural that some Montreal female attire featured a conservative element. Nevertheless, it appears that the mode of dress seen in the Notman photographs is stylish enough to support its use as a very unique tool for the study of feminine fashionable dress in Montreal from 1861 to 1900 and by extension, of modish attire in the Western world.[17]

Cabinet portrait photographs from the Notman studio will therefore be used to partially illustrate the principal theme of this essay. They will be examined to discuss one aspect of form or shape in fashionable dress, that of the evolution of the sleeve through its changing styles during the last decade of the nineteenth century. Some details of its fluctuating size and shape will be observed, beginning with its nascent expanding mode in the previous decade.

Fig. 27
Mme Martin, 19 mars 1889.
Mrs. Martin, March 19, 1889.
Notman no 89 348-BII.

Fig. 28
Mlle Bienvenu, 17 mars 1888.
Miss Bienvenu, March 17, 1888.
Notman no 86 277-BII.

Fig. 29
Mme Atkin, 12 mars 1889.
Mrs. Atkin, March 12, 1889. Notman no 89 239-BII.

Fig. 30
Mlle Brush, 9 septembre 1890.
Miss Brush, September 9, 1890. Notman no 93 184-BII.

Les portraits « format album » du studio Notman seront donc utilisés pour illustrer en partie le thème principal de notre essai. Ils seront étudiés afin de traiter d'un aspect particulier de la forme ou de la silhouette de la robe à la mode, soit l'évolution de la manche à travers les différents styles qu'elle a adoptés durant la dernière décennie du dix-neuvième siècle. Nous observerons certaines variations dans l'ampleur et la forme de la manche, en commençant par la tendance à l'expansion qui a pris naissance au cours de la décennie précédente. Au milieu de la décennie, la manche s'élargit pour atteindre des dimensions considérables, se transformant souvent en style gigot ou ballon. Elle diminue ensuite et finit par perdre tout son volume, complétant ainsi le cycle de l'ascension, du déclin et de la chute (voir fig. 27-38)[18]. Malgré des débuts hésitants, cette évolution vers une manche plus ample atteint sa vitesse de croisière vers le milieu de la décennie et rien ne semble pouvoir la faire dévier de sa trajectoire, ce qui laisse croire à la présence grandissante d'une dynamique interne. L'évolution comme telle est un processus extrêmement complexe comprenant de nombreuses variantes stylistiques. Nous n'aborderons que quelques-unes des principales orientations de cette évolution et de son rythme interne[19].

Contrairement aux photographies, les gravures de mode, aussi utiles soient-elles dans ce genre d'étude, ne font que suggérer des orientations dans l'évolution d'un style donné. Elles ne révèlent pas nécessairement les nouveaux styles acceptés et réellement adoptés. En revanche, les portraits photographiques, en figeant sur la pellicule un moment dans le temps, nous offrent une image réelle et vivante de la mode.

À la fin des années quatre-vingts se produit un important changement stylistique : soutenue par la tournure (fig. 27; n° Notman 89 348-BII), l'ampleur, arrondie et projetée vers l'arrière sous la taille, se déplace timidement vers la manche auparavant serrée (fig. 28; n° Notman 86 277-BII). À certains moments, la tournure devient très volumineuse, comme on peut le voir dans le portrait « format album » de M. Darrican photographié avec une dame en 1888 (voir fig. 19; n° Notman 87 490-BII). La tournure commence à disparaître l'année suivante[20]. « On constate habituellement qu'en évoluant, un vêtement ou une partie de vêtement se transforme de plus en plus jusqu'à disparaître complètement ou à être modifié radicalement[21]. » Au tournant du siècle, la manche se gonfle d'abord lentement et avec hésitation avant d'atteindre des proportions énormes.

On a observé que tout style nouveau trouve sa source dans celui qui le précède[22]. C'est le cas pour la large manche du milieu des années quatre-vingt dix, caractéristique de la période des silhouettes à taille de guêpe (voir cat. 15), annoncée dans des exemples très lointains de manches légèrement gonflées. À l'époque révolue de la tournure, on remarque une légère élévation de la tête de manche qui apparaît pour la première fois dans la collection de photographies Notman dans un portrait de Mlle Bienvenu pris le 17 mars 1888 (fig. 28; n° Notman 86 277-BII).

Lorsque le style d'un élément est sur le point de se transformer, la forme en évolution subit une certaine expérimentation. Dans un article sur la mode, le sociologue Herbert G. Blumer parle d'une étape d'innovation[23]. Ainsi au tournant de la décennie voit-on apparaître différents types de

The sleeve then enlarges in mid-decade to an overwhelming presence, often developing into the gigot or melon style. It then contracts to eventually collapse, thus completing its cycle of rise, decline and fall (see figs. 27-38).[18] In spite of its hesitant beginnings, this evolution towards a larger sleeve seems to gather momentum around the mid-decade. Seemingly its direction cannot be stopped, suggesting the increasing presence of an inner dynamic of change. The actual evolution is an extremely complex one, and includes many variants in style. Only some major directions of its development and inner momentum will be discussed.[19]

Unlike photographs, fashion plates, although useful for such studies, demonstrate only suggested directions for the development of a particular style. The plates do not necessarily reveal which new modes were accepted and which really worn. On the other hand, portrait photographs depict fashion actually worn, frozen in a moment of time.

The important overall change in style at the end of the eighties was one from a rounded projected fullness at the back below the waist in the form of the bustle (fig. 27; Notman number 89,348-BII), to a hint of fullness in a previously tight sleeve (fig. 28; Notman number 86,277-BII). The back fullness at times became very large, as is seen in the bustle in the 1888 cabinet portrait photograph of Mr. Darrican and a Lady (see fig. 19, Notman number 87,490-BII); it gradually begins to disappear the following year.[20] "Usually it will be found that any particular garment or feature of a garment develops in the direction of greater and greater distortion, and then disappears or changes in direction".[21] The subsequent development of the sleeve, ultimately to immense proportions, is initially slow and hesitant at the turn of the century.

It has been observed that the seed or beginnings of any particular new style is seen in the preceding one.[22] This is the case with the large sleeve of the mid-nineties, characteristic of the period known as that of the hour-glass figure (see cat. 15), which is first forecast by some very early examples of meagre fullness in the sleeve. A slight elevation of the sleeve head in the preceding late bustle period is detected. It is initially seen in the Notman studio collection in a portrait of Miss Bienvenu taken March 17, 1888 (fig. 28, Notman number 86,277-BII).

When a new style in a particular feature of dress is about to emerge, there is a feeling of experimentation in the evolving form. The sociologist Herbert G. Blumer, in an article on fashion, refers to this juncture as the innovative stage.[23] Thus at the turn of the decade, various types of newly-loosened sleeves appear, as in the dress worn by Mrs. Atkin in a photograph dated March 12, 1889 (fig. 29, Notman number 89,239-BII). Yet in the period from March 17, 1888, the date of Miss Bienvenu's portrait (fig. 28), to August 12, 1889 (see Notman studio portrait photographs, microfilm reel 42, February 25, 1888 to August 12, 1889), a very large percentage of the sleeves remain plain and tight. They are similar to those worn during the bustle period (see fig. 27, Mrs. Martin, March 19, 1889, Notman number 89,348-BII). This clearly underlines the fact that while a new element in the style of dress was hesitantly evolving, examples of the older mode were still present.

In Notman photographs of the latter half of 1889 through to the end of 1890 (see Notman studio portrait photographs, microfilm reel 43, August 12, 1889 - January 9, 1891), the close narrow sleeve becomes rarer. In addition, another

Fig. 31
Mlle Cochrane, 31 octobre 1889.
Miss Cochrane, October 31, 1889.
Notman no 90 889-BII.

model appears to add to the variety of styles: this is the new "kick" sleeve with pronounced vertical fullness at the sleeve head. It is seen in the bodice of Miss Brush, in a photograph taken September 9, 1890 (fig. 30, Notman number 93,184-BII). Along with this popular fashion, there are many other loosened-sleeve modes of various shapes.

During this experimental period we also see early versions of what will later become two dominant modes. Included here is a possible very early prototype of the gigot sleeve, as seen in the bodice of Miss Cochrane (fig. 31, Notman number 90,889-BII); the photograph is dated October 31, 1889. An example of its later development at a time when the gigot sleeve began to be popular is seen in the garment worn by Mrs. G. W. Stephens on December 15, 1893 (fig. 32, Notman number 103,227-BII). Similarly a rare, possibly nascent melon-type sleeve is worn by Mrs. M. Moody on August 18, 1890 (fig. 33, Notman number 93,052-BII), while Miss McEachran wears an early fully-developed melon sleeve on December 6, 1892 (fig. 34, Notman number 99,545-BII). These fashions are not yet really dominant for "fashion is a very slowly evolving process, in spite of the sudden pronouncements in some fashion articles in newspapers and magazines".[24]

In the meantime, during the first year of the decade, the tight sleeve popular during the bustle period is effectively no longer worn (see Notman studio portrait photographs, microfilm reel 44, January 10, 1891 to December 24, 1891.)

Fig. 32
Mme G. W. Stephens, 15 décembre 1893.
Mrs. G. W. Stephens, December 15, 1893.
Notman no 103 227-BII.

Fig. 33
Mme M. Moody, 18 août 1890.
Mrs. M. Moody, August 18, 1890.
Notman no 93 052-BII.

manches nouvellement gonflées, comme dans la robe portée par Mme Atkin sur une photographie du 12 mars 1889 (fig. 29; n° Notman 89 239-BII). Mais, du 17 mars 1888, date de la photographie de Mlle Bienvenu (fig. 28), au 12 août 1889 (voir les portraits du studio Notman, bobine de microfilms 42, 25 février 1888 - 12 août 1889), un très grand nombre de manches demeurent simples et serrées. Elles ressemblent aux manches portées à l'époque de la tournure (voir le portrait de Mme Martin du 19 mars 1889, fig. 27; n° Notman 89 348-BII) ce qui démontre clairement que des modèles anciens peuvent coexister avec des éléments nouveaux évoluant avec prudence.

Dans les photographies Notman qui vont de la seconde moitié de 1889 à la fin de 1890 (voir les portraits du studio Notman, bobine de microfilms 43, 12 août 1889 - 9 janvier 1891), l'étroite manche collante se fait plus rare. En outre, un nouveau modèle vient ajouter à la variété des styles : la manche « montante » dont la tête est caractérisée par une ampleur verticale prononcée. On en voit un exemple dans le corsage de Mlle Brush sur la photographie du 9 septembre 1890 (fig. 30; n° Notman 93 184-BII). Outre ce style très en vogue, il existe plusieurs modèles de manches lâches aux formes les plus diverses.

Durant cette période d'expérimentation apparaissent également les premières versions de deux styles qui vont dominer leur époque. Il s'agit notamment d'un prototype possible et très ancien de la manche gigot que l'on peut voir dans le corsage de Mlle Cochrane (fig. 31; n° Notman

90 889-BII); la photographie est datée du 31 octobre 1889. Le costume porté par Mme G. W. Stephens le 15 décembre 1893 (fig. 32; n° Notman 103 227-BII) offre un exemple de l'évolution de la manche gigot à l'époque où elle commence à être populaire. De même, sur une photographie du 18 août 1890, Mme M. Moody porte un des rares exemples de ce qui est probablement l'embryon de la manche ballon (fig. 33; n° Notman 93 052-BII), tandis que le 6 décembre 1892, Mlle McEachran est photographiée dans une robe pourvue d'un des premiers modèles achevés de cette manche (fig. 34; n° Notman 99 545-BII). Ces styles ne sont cependant pas encore véritablement implantés car « la mode est un processus qui évolue à un rythme très lent et ce, malgré les nouveautés que tentent d'imposer certains articles sur la mode publiés dans les journaux et les magazines[24] ».

Entre-temps, la manche collante, populaire à l'époque de la tournure, n'est effectivement plus portée au cours de la première année de la décennie (voir les portraits du studio Notman, bobine de microfilms 44, 10 janvier - 24 décembre 1891). Enfin, après le printemps 1893, la manche « montante », qui a subi à peu près toutes les transformations possibles et « épuisé les possibilités logiques du médium », a presque disparu; elle en est au stade final[25] (voir les portraits du studio Notman, bobine de microfilms 46, 18 avril - 20 novembre 1893).

Après cette période d'expérimentation devait naître une tendance vraiment dominante. Ce fut l'élargissement général

And after the spring of 1893, the "kick sleeve", after undergoing nearly every possible variation in form, "an exhaustion of the logical possibilities of the medium", hardly exists; its terminal point has been set[25] (see Notman studio portrait photographs, microfilm reel 46, April 18, 1893 to November 20, 1893).

Following this period of experimentation in the form of the sleeve, it was time for a truly dominant trend to appear. It would be that of a continuing overall enlargement of the sleeve. Beginning around 1894, many examples are found of sleeves with an exaggerated enlarged volume: the two important styles are the gigot and the melon. Other less identifiable variations of the loose sleeve continued to exist but they were in the minority (see Notman studio portrait photographs microfilm reel 47, November 20, 1893 to January 17, 1895).

In 1895 and 1896 there are many examples of the sleeve's continued growth, the shape apparently expanded by an inner force until it reaches an outrageous size (see Notman studio portrait photographs, microfilm reels 48 to 50, January 15, 1895 to February 16, 1897). An example of its immensity is seen in the portrait of Lady Rivers Wilson dated May 27, 1896 (fig. 35; Notman number 115,414-BII). With Lady Wilson's sleeve there is now a feeling of exhaustion of form in its too massive volume, the abundance of its fabric and the drooping character to the shape. Have we reached the terminal point of a particular style?

During the same year as that of this portrait photograph of 1896, modified smaller versions of the large sleeve appear, such as the one seen in the dress of Mrs. Durnford, in a portrait photograph with her husband dated June 9, 1896 (fig. 36; Notman number 115,566-BII). Very large sleeves, however, continued to dominate that year (see Notman studio portrait photographs, microfilm reel 50, February 6, 1896 to February 16, 1897). We have here an example of part of the fashion process whereby a new fashionable form evolves from the old.[26] Novel smaller sleeve types appeared, still often rounded at the upper arm as in the one with the small puff at the top in Mrs. Durnford's bodice, along with a variety of other modified less voluminous styles (see, for instance, that in cat. 16). The smaller sleeves became even more prevalent during 1897. It is in that year that a dominant trend towards a smaller sleeve is established (see Notman studio portrait photographs, microfilm reel 51, February 16, 1897 to February 15, 1898).

The above styles continued in 1898, even narrower sleeves beginning to appear then and in the following year. Examples of these are seen in the portraits of Mrs. Lustgarten dated June 18, 1898 (fig. 37; Notman number 124,934-BII) and of Mrs. J. J. Frantz dated August 22, 1899 (fig. 38; Notman number 129,811-BII). By the turn of the century, a new mode had been established: the close sleeve with no puffing dominates. (Notman studio portrait

Fig. 34
Mlle McEachran, 6 décembre 1892.
Miss McEachran, December 6, 1892.
Notman no 99 545-BII.

Fig. 35
Lady Rivers Wilson, 27 mai 1896.
Lady Rivers Wilson, May 27, 1896.
Notman no 115 414-BII.

Fig. 36
Mme Durnford et son mari, 9 juin 1896.
Mrs. Durnford with her husband, June 9, 1896.
Notman no 115 566-BII.

et continu de la manche. Vers 1894, on commence à trouver de nombreux styles de manches au volume exagéré; les deux plus importants sont les styles gigot et ballon. D'autres variantes de la manche ample, plus difficiles à identifier, ont continué d'exister, mais en nombre restreint (voir les portraits du studio Notman, bobine de microfilms 47, 20 novembre 1893 - 17 janvier 1895).

En 1895 et 1896, on note une croissance constante de la manche qui, vraisemblablement poussée par une force interne, s'élargit pour atteindre des proportions gigantesques (voir les portraits du studio Notman, bobines de microfilms 48 à 50, 15 janvier 1895 - 16 février 1897). Son gigantisme est illustré dans le portrait de lady Rivers Wilson du 27 mai 1896 (fig. 35; n° Notman 115 414-BII). On sent dans cette image un épuisement de la forme dans le volume trop massif, l'abondance de tissu et l'effet tombant de la manche. Avait-on atteint l'étape finale d'un style particulier?

En 1896, année où a été réalisé ce portrait photographique, apparaissent des variantes plus petites de la manche large, comme dans la robe de Mme Durnford, photographiée avec son mari le 9 juin 1896 (fig. 36; n° Notman 115 566-BII). Les manches très amples, cependant, prédominent encore cette année-là (voir les portraits du studio Notman, bobine de microfilms 50, 6 février 1896 - 16 février 1897). Nous avons ici un exemple d'une partie du processus de la mode où une nouvelle forme naît d'une ancienne[26]. Des manches plus petites, souvent

encore arrondies au haut du bras, comme la manche à petit bouffant du corsage de Mme Durnford, font leur apparition à l'instar d'une variété de styles modifiés et moins volumineux (voir, par exemple, cat. 16). Ces modèles de manches sont d'ailleurs encore plus répandus en 1897, année au cours de laquelle la manche tend à se resserrer (voir les portraits du studio Notman, bobine de microfilms 51, 16 février 1897 - 15 février 1898).

Les styles décrits ci-dessus restent en vogue en 1898 et des manches encore plus étroites apparaissent cette année-là et l'année suivante. On en voit d'ailleurs des exemples dans les portraits de Mme Lustgarten du 18 juin 1898 (fig. 37; n° Notman 124 934-BII) et de Mme J. J. Frantz du 22 août 1899 (fig. 38; n° Notman 129 811-BII). Le tournant du siècle voyait triompher une nouvelle mode : la manche collante sans bouffant (les photographies du studio Notman, bobines de microfilms 52 et 53, 15 février 1898 - 10 mai 1900, nous en fournissent la preuve).

L'étude des images sélectionnées laisse supposer que la croissance et le déclin de la manche peuvent en effet avoir été dictés, dans une large mesure, par une dynamique interne. Lorsque l'évolution de la manche s'accélère, elle atteint rapidement son apogée et, incapable de s'élargir davantage, la manche tombe et s'oriente vers un modèle plus étroit.

Des années 1820 aux années 1830, la manche avait suivi un cycle semblable (voir, par exemple, cat. 3, 4 et 5), passant du modèle à petit bouffant à la grande manche gigot qui finit elle aussi par désenfler. L'évolution vers l'énorme manche propre au milieu de la dernière décennie du siècle illustre la manière dont certaines tendances stylistiques reviennent à différents intervalles. De tels retours font partie de la nature cyclique de l'évolution de la mode et suggèrent une fois de plus une dynamique interne indépendante. « Ainsi, les modes ne sont pas vraiment des innovations mais des déviations récurrentes. Elles ne sont pas tant nées que redécouvertes[27]. »

Une étude des principaux changements de la silhouette dans le vêtement féminin au dix-neuvième siècle révèle la présence de rythmes cycliques largement similaires aux rythmes de l'évolution de la manche. Il ne s'agit pas ici de nier l'immense diversité et l'aspect erratique de l'évolution de la forme dans la mode au dix-neuvième siècle, ni d'en simplifier outre mesure le processus énigmatique. Nous cherchons plutôt à démontrer que, malgré l'influence réelle de facteurs externes sur les tendances de la mode, lorsque l'orientation d'un style est bien établie, celui-ci se met à évoluer à un rythme accéléré, comme s'il était poussé par une dynamique interne, et qu'il continue sur sa lancée le plus longtemps possible. Les portraits photographiques du studio Notman représentent une source inestimable pour l'observation de cette dynamique et, de ce fait, pour l'étude de nombreux autres aspects du costume du dix-neuvième siècle.

[1] Stanley G. Triggs, *William Notman: The Stamp of a Studio*, Toronto, Art Gallery of Ontario/The Coach House Press, 1985, épilogue, n.p.

[2] *Ibid*, p. 30.

[3] Conversation avec Stanley G. Triggs, conservateur des Archives photographiques Notman, 14 juin 1990.

[4] Conversation avec Roger Taylor, conservateur en chef du National Museum of Photography, Film and Television, Bradford, Angleterre, 20 août 1990. Nous connaissons l'existence de registres contenant des feuilles contact datées de 1859-1863, œuvres de Camille Silvy, le

Fig. 37
Mme Lustgarten, 18 juin 1898.
Mrs. Lustgarten, June 18, 1898.
Notman no 124 934-BII.

Fig. 38
Mme J. J. Frantz, 22 août 1899.
Mrs. J. J. Frantz, August 22, 1899.
Notman no 129 811-BII.

photographs, microfilm reels 52 and 53, February 15, 1898 to May 10, 1900, confirm this.)

A survey of the selected images therefore suggests that the sleeve's growth and decline may indeed have been dictated, in large part, by an inner dynamic of change. Once the momentum of evolution was underway, it quickly reached an apogee, and not being able to expand any further, collapsed and developed towards the tighter model.

A similar cycle occurs with the 1820s to 1830s sleeve (see, for instance, cat. 3, 4 and 5). It expanded from a small puff to the large gigot sleeve, and then too collapsed. The evolution towards the enormous sleeve characteristic of the middle of the last decade of the century is an example of the manner in which some stylistic trends recur after certain intervals. It is part of the cyclical nature of the evolution of fashion and again suggests an independent inner dynamic. "Hence, fashions are not really innovations but recurrent deviations. They are not so much born as rediscovered".[27]

A study of the principal changes of silhouette in fashionable female clothing during the nineteenth century reveals cyclical rhythms with characteristics broadly similar to those of the sleeve development just discussed. This is not to negate the tremendous diversity and irregularity in the evolution of fashionable form in the nineteenth century, nor to oversimplify its enigmatic process. Rather it is to suggest that, although trends in fashion are certainly influenced by external factors, once a direction in style is established it will acquire a certain momentum or inner dynamic, and will probably continue on that path until it is no longer possible to do so. The Notman studio portrait photographs are an outstanding source for the observation of this dynamic, and indeed for the study of many other aspects of nineteenth-century costume.

1 Stanley G. Triggs, *William Notman: The Stamp of a Studio* (Toronto: Art Gallery of Ontario/The Coach House Press, 1985), epilogue, n.p.

2 *Ibid*, p. 30.

3 Conversation with Stanley G. Triggs, Curator of the Notman Photographic Archives, June 14, 1990.

4 Conversation with Roger Taylor, Senior Curator, National Museum of Photography, Film and Television, Bradford, England, August 20, 1990. We know of record books containing dated proof sheets of 1859-1863, the work of Camille Silvy, the best-known portrait photographer of his time; they are in the possession of the Victoria and Albert Museum. See Madeleine Ginsburg, *Victorian Dress in Photographs* (New York: Holmes and Meier Publishers, Inc., 1983), p. 15.

5 A log of Notman studio portrait photographs on microfilm reels at five-year intervals for the periods of 1885, 1890, 1895 and 1900 reveals this.

6 Nineteenth-century Western fashionable dress knew no national boundaries. Thus the German periodical *Die Modenwelt* (1860-) was published in fourteen different languages using the same images. See Vyvyan Holland, *Handcoloured Fashion Plates: 1770-1899* (London: B. T. Batsford Ltd., 1955), p. 100.

7 Stephen Leacock, *Leacock's Montreal*, 1st ed. rev., ed. John Culliton, (Toronto and Montreal: McClelland and Stewart Ltd., 1963), p. 173.

8 *Montreal Gazette*, 15 May 1866.

photographe de portrait le plus connu de son époque. Ces registres sont actuellement conservés au Victoria and Albert Museum. Voir Madeleine Ginsburg, *Victorian Dress in Photographs*, New York, Holmes and Meier Publishers, Inc., 1983, p. 15.

5 C'est ce que révèle un lot de portraits photographiques du studio Notman conservés sur microfilms et regroupés par périodes de cinq ans, soit 1885, 1890, 1895 et 1900.

6 La mode occidentale au dix-neuvième siècle ne connaissait pas de frontières. Ainsi, le périodique allemand *Die Modenwelt* (1860-) était publié en quatorze langues avec les mêmes illustrations. Voir Vyvyan Holland, *Handcoloured Fashion Plates: 1770-1899*, Londres, B. T. Batsford Ltd., 1955, p. 100.

7 Stephen Leacock, *Leacock's Montreal*, éd. John Culliton, 1re éd. rev., Toronto et Montréal, McClelland and Stewart Ltd., 1963, p. 173.

8 *Montreal Gazette,* 15 mai 1866.

9 Norma Morgan, « Fashion Plates: Sources for Canadian Fashion », *The Journal of Canadian Art History*, vol. 5, no 2, 1981, p. 107-110.

10 On sait que Louis A. Godey, l'éditeur de *Godey's Lady's Book*, recevait de nombreuses gravures européennes non pas directement d'Europe, mais par l'entremise d'une source américaine, l'entreprise Carey and Hart, qui les avait déjà publiées dans ses catalogues annuels. Bien entendu, il aurait été plus rapide de les commander directement d'Europe. Voir « Public Dinner to Louis A. Godey, Publisher and Editor of *"Godey's Lady's Book"* », *Godey's Lady's Book*, mars 1856, p. 273, cité dans Isabelle Webb Entrikin, *Sarah Josepha Hale and Godey's Lady's Book*, Lancaster (Pennsylvanie), Lancaster Press, Inc., 1946, p. 33, 34. Dans les années 1830, on mentionne à Montréal l'existence d'intermédiaires à New York ou à Philadelphie qui proposaient tous les trois mois de plus belles gravures de mode. Nous n'avons cependant aucune preuve de l'utilisation de leurs services. Voir *The Montreal Museum or Journal of Literature and Arts*, février 1833, p. 192, cité dans Mary Allodi, *Printmaking in Canada: The Earliest Views and Portraits* (cat. exp.), Toronto, Royal Ontario Museum, 1980, p. 95. Sur la disponibilité des publications *The Englishwoman's Domestic Magazine* et *Godey's Lady's Book* à Montréal au milieu du siècle, voir l'Annexe A. Cependant les éditeurs de journaux américains pour dames pouvaient également se procurer des gravures de mode directement d'Europe « par contrat ». Voir *Godey's Lady's Book*, juillet 1848, p. 59, cité dans Isabelle Webb Entrikin, *op. cit.*, p. 95, n. 182. On a toutefois avancé l'hypothèse selon laquelle Louis Godey aurait tiré la majorité de ses gravures de mode de publications britanniques sans en mentionner la source, les ententes de copyright n'existant pas à l'époque entre les deux pays. Voir Helen Woodward, *The Lady Persuaders*, New York, Ivan Oblensky, Inc., 1960, p. 22. Mais nous savons aujourd'hui que des ententes internationales sur le copyright existaient en 1880 au plus tard, entre la France, l'Amérique et l'Angleterre. Voir Raymond Gaudriault, *La gravure de mode féminine en France*, Paris, les Éditions de l'Amateur, 1983, p. 99. Idéalement, les magazines étrangers communiquaient avec les éditeurs français afin d'obtenir les droits de reproduction des gravures. Toutefois, les lois sur le copyright n'étant pas appliquées rigoureusement, le « piratage » des épreuves des gravures de mode, en totalité ou en partie, restait une pratique courante. Voir Valerie Steele, *Paris Fashion: A Cultural History*, New York, Oxford, Oxford University Press, 1988, p. 105.

11 Dans la gravure de mode américaine, les deux robes françaises sont représentées avec deux autres modèles non identifiés et un costume d'enfant; le décor a été modifié. Voir les illustrations au cat. 9. Ce genre de pratique n'était pas inhabituelle lorsque des gravures de mode européennes étaient réutilisées.

12 Voir *Fashion Plates in the Collection of the Cooper-Hewitt Museum*, Washington, The Smithsonian Institution's National Museum of Design, 1982, p. 17, 18.

13 Isabelle Webb Entrikin, *op. cit.*, p. 95.

14 L'élégance des femmes montréalaises est par ailleurs démontrée dans l'étude réalisée en 1980 par Norma Morgan, étudiante à l'Université Concordia, portant sur les toilettes féminines dans des portraits du studio Notman de 1866 à 1870. L'étude s'intitule « A Decade of Transition: A Study of Women's Costume in the Notman Collection 1860-1870. Part II: 1866-70 », photocopie, Université Concordia, 1980. Les costumes que l'on voit sur ces photographies ont été comparés à des gravures de mode datées et choisies au hasard dans *The Englishwoman's Domestic Magazine*, *Godey's Lady's Book*, *Harper's Bazar*, *The Illustrated London News* et *Canadian Illustrated News*. Le laps de temps entre le moment où un nouveau style était illustré dans une gravure de mode et celui où il figurait dans un portrait photographique du studio Notman variait, mais était en général d'environ cinq mois. Il existe un cas particulier, mentionné dans l'étude Morgan, où encore une fois, une robe apparaît dans un portrait de Notman six mois avant la reproduction d'un modèle semblable dans la publication américaine *Godey's Lady's Book*. « A Decade of Transition: A Study of Women's Costume in the Notman

Collection 1860-1870 » est en dépôt au Musée McCord d'histoire canadienne (département des Costumes et textiles).

15 « Courrier de la Mode » dans *L'Album de la Minerve*, vol. 1, no 1, 1872, p. 26. D'autres journaux de mode partageaient ce point de vue. Par exemple, dans son numéro d'avril 1876 (p. 299), *The New Dominion Monthly*, publié à Montréal, donne à ses lectrices le conseil suivant : « En ce qui concerne l'habillement, il faut tenir compte de sa situation sociale... Mais l'on doit davantage encore tenir compte de sa bourse... et ne pas oublier son âge. » Dans son éditorial de décembre 1843 (p. 285), la publication américaine *Godey's Lady's Book* incite également au conservatisme. Il est intéressant de noter que certains styles ont mis plus de temps à s'imposer à Montréal. Par exemple, la robe princesse, apparue pour la première fois à Londres en 1863, ne figure sur les photographies Notman qu'à l'été 1867. Voir Norma Morgan, *op. cit.*, p. 93.

16 Voir Annexe A et « Mrs. Grundy's Gatherings », *The Anglo-American Magazine*, vol. 1, no 4, octobre 1852, p. 377.

17 Nous savons que le studio Notman est demeuré actif jusqu'en 1936. Les portraits qu'il a réalisés au vingtième siècle seraient bien entendu très utiles. Toutefois, cette partie de la collection n'a pas été utilisée comme ressource à cette fin. Parmi les textes connus sur l'histoire du costume vue par le biais de documents photographiques, mentionnons : Madeleine Ginsburg, *op. cit.* et Alison Gernsheim, *Victorian and Edwardian Fashion: A Photographic Survey*, 2e éd. rev., New York, Dover Publications, 1981. Voir également Avril Lansdell, *History in Camera: Fashion à la Carte 1860-1900: A Study of Fashion through Cartes-de-visite*, Princes Risborough, Shire Publications Ltd., 1985. Il y a plus de dix ans, une exposition fut consacrée à un aspect du sujet. Voir le catalogue d'exposition *L'Atelier Nadar et la Mode 1865-1913*, Direction des Musées de France, Paris, 1977. Un article plus récent traite du même sujet, mais à l'échelle du Québec; il s'agit de Michel Lessard, « La photographie témoin et servante de la mode », *Cap-aux-Diamants - Revue d'histoire du Québec*, vol. 4, no 2, été 1988, p. 59-62. L'ouvrage non encore publié de Joan Severa, *Dressed for the Photographer: Ordinary Americans and Fashion: 1840-1900*, Kent (Ohio), Kent State University Press, paraîtra en 1992.

18 Le cycle de la mode a été défini comme « l'ascension, l'apogée et le déclin de l'acceptation populaire d'un style ». Voir Paul H. Nystrom, *Economics of Fashion*, 4e éd., New York, The Ronald Press Company, 1938, p. 18.

19 L'évolution de la manche ne sera pas considérée d'un point de vue contextuel. Pour en connaître davantage sur la période, aux États-Unis, au cours de laquelle cette évolution s'est produite, voir Lois W. Banner, *American Beauty*, New York, Alfred A. Knopf, Inc., 1983.

20 C. Willett et Phillis Cunnington affirment que la tournure a disparu de façon « presque soudaine » en 1889. Cependant, d'après les portraits datés du studio Notman, le phénomène aurait été plus graduel et la tournure aurait disparu complètement en 1891 seulement. Voir C. Willett et Phillis Cunnington, *Handbook of English Costume in the Nineteenth Century*, 2e éd., Londres, Faber and Faber Ltd., 1966, p. 515. Dans les portraits « format album » du studio Notman, on remarque, pour la période entre 1889 et 1891, que les grandes tournures sont toujours présentes (voir fig. 27), mais que les plus petites se font plus nombreuses et que les tournures structurées sont plus rares. La tournure se transforme finalement en une ampleur arrière générale (voir les portraits du studio Notman, bobines de microfilms 42-44). Les observations sur les portraits photographiques du studio Notman sont fondées sur l'étude des bobines de microfilms ayant été identifiées. Elles sont le résultat de notes prises durant cette étude sur le sujet discuté, et sont consignées dans les dossiers du Musée McCord d'histoire canadienne (département des Costumes et textiles).

21 Quentin Bell, *On Human Finery*, 2e éd., Londres, The Hogarth Press, 1976, p. 60.

22 Naomi E. A. Tarrant, *The Rise and Fall of the Sleeve: 1825-1840*, Édimbourg, Royal Scottish Museum, 1983, p. 6.

23 Herbert G. Blumer, « Fashion », *International Encyclopedia of the Social Sciences*, vol. 5, 1968, p. 343.

24 Janet Arnold, « The Cut and Construction of Women's Dresses: 1890-1914 » dans *La Belle Époque*, procès-verbal de la First Annual Conference of the Costume Society, avril 1967, éd. Ann Saunders, Londres, Victoria and Albert Museum, 1968, p. 26.

25 Herbert G. Blumer, « Fashion: From Class Differentiation to Collective Selection », *The Sociological Quarterly*, été 1969, p. 283.

26 Ann Buck, *Victorian Costume and Costume Accessories*, éd. Hugh Wakefield, Londres, Herbert Jenkins Ltd., coll. « The Victorian Collector Series », 1961, p. 19.

27 Kurt Lang et Gladys Engel Lang, *Collective Dynamics*, 2e éd., New York, Thomas Y. Crowell Co., 1963, p. 474.

9 Norma Morgan, "Fashion Plates: Sources for Canadian Fashion", *The Journal of Canadian Art History*, no. 2, vol. 5 (1981), pp. 107-110.

10 Louis A. Godey of *Godey's Lady's Book* had been known to receive many European fashion plates not directly from Europe but through an American source, the firm of Carey and Hart, which had already published them in their "annuals". This of course would involve a greater time-lag than if they had been procured directly from Europe. See "Public Dinner to Louis A. Godey, Publisher and Editor of 'Godey's Lady's Book'", *Godey's Lady's Book*, from March 1856, p. 273, as cited in Isabelle Webb Entrikin, *Sarah Josepha Hale and Godey's Lady's Book* (Lancaster, Pennsylvania: Lancaster Press, Inc., 1946), pp. 33-34. In the eighteen-thirties, mention is made in Montreal of the existence of intermediaries in New York or Philadelphia through whom the most stylish fashion plates could be procured every three months. There is no evidence that their services were utilized. See *The Montreal Museum or Journal of Literature and Arts*, February 1833, p. 192, as cited in Mary Allodi, *Printmaking in Canada: The Earliest Views and Portraits*, exhib. cat., (Toronto: Royal Ontario Museum, 1980), p. 95. For the availability of *The Englishwoman's Domestic Magazine* and *Godey's Lady's Book* in Montreal during the mid-century, see Appendix A. However, editors of American ladies' journals could also procure fashion plates "by contract" directly from Europe. See *Godey's Lady's Book*, July 1848, p. 59 as cited in Isabelle Webb Entrikin, *op. cit.*, p. 95, n. 182. Yet it has been suggested that Louis Godey clipped most of his fashion plate material from British publications without acknowledgement, because a copyright agreement did not exist at the time between the two countries. See Helen Woodward, *The Lady Persuaders* (New York: Ivan Oblensky, Inc., 1960) p. 22. However we now know that at least by the 1880s international copyright laws did exist between France, America and England. See Raymond Gaudriault, *La gravure de mode féminine en France* (Paris: Les Éditions de l'Amateur, 1983), p. 99. Ideally, foreign magazines contacted French publishers to purchase the rights to reproduce the plates. However, with the lack of enforcement of copyright laws, prints of French fashion plates, in whole or in part, often continued to be "pirated". See Valerie Steele, *Paris Fashion: A Cultural History* (New York, Oxford: Oxford University Press, 1988), p. 105.

11 In the American fashion plate, the two French gowns were combined with two unidentified others and a child's costume in a setting that had been modified. See images in Entry 9. This type of procedure was not an unusual one in the reutilization of European fashion plates.

12 See *Fashion Plates in the Collection of the Cooper-Hewitt Museum* (Washington: The Smithsonian Institution's National Museum of Design, 1982), pp. 17-18.

13 Isabelle Webb Entrikin, *op. cit.*, p. 95.

14 As further evidence of the modishness of Montreal women, we can cite a 1980 study by Concordia student Norma Morgan on examples of stylish women's costume in dated Notman portraits from 1866 to 1870, entitled "A Decade of Transition: A Study of Women's Costume in the Notman Collection 1860-1870. Part II: 1866-70", mimeographed (Concordia University, 1980). Costumes in these photographs have been compared to a random sampling of dated fashion plates from *The Englishwoman's Domestic Magazine*, *Godey's Lady's Book*, *Harper's Bazar*, *The Illustrated London News* and the *Canadian Illustrated News*. Here, the time between the appearance of a stylish feature in a fashion plate and a similar one in a Notman portrait photograph varied, but averaged about five months. In one particular case cited in the Morgan paper, we again have a gown appearing in a Notman portrait six months before the appearance of one with similar detail in the American *Godey's Lady's Book*. "A Decade of Transition: A Study of Women's Costume in the Notman Collection 1860-1870" is on deposit at the McCord Museum of Canadian History (Department of Costume and Textiles).

15 "Courrier de la Mode" in *L'Album de la Minerve*, vol. 1, no. 1, 1872, p. 26. Some other fashion journals echoed this sentiment. For instance *The New Dominion Monthly*, published in Montreal, advised in its April 1876 issue (p. 299) that "Suitability to station should be thought of with regard to dress... But suitability to purse should be even more thought of... Age, too, should be remembered". The American *Godey's Lady's Book* also encouraged conservatism in its "Editor's Table" of December 1843, p. 285. It is interesting to note that certain styles took longer to appear in Montreal. For instance the princess-style dress, which first appeared in London in 1863, turned up in Notman photographs only in the summer of 1867. See Morgan, *op. cit.*, p. 93.

16 See Appendix A and "Mrs. Grundy's Gatherings", *The Anglo-American Magazine*, vol. 1, no. 4, October 1852, p. 377.

17 We know that the Notman studio continued operation until 1936, and certainly their twentieth-century portrait photographs would be useful in the study of costume. However, this part of the collection has not been examined here as a costume resource. The well-known standard texts which explore the subject of costume through a study of photographic evidence are: Madeleine Ginsburg, *op. cit.* and Alison Gernsheim, *Victorian and Edwardian Fashion: A Photographic Survey* (New York: Dover Publications, 2nd rev. ed., 1981. Also see Avril Lansdell, *History in Camera: Fashion à la Carte 1860-1900: A Study of Fashion through Cartes-de-visite* (Princes Risborough: Shire Publications Ltd., 1985). Over a decade ago an exhibition was devoted to one aspect of the subject. See *L'Atelier Nadar et la Mode 1865-1913*, exhibit. cat. (Direction des Musées de France, Paris, 1977). A more recent article which explores the topic, in a Québec venue, is Michel Lessard's "La photographie témoin et servante de la mode", *Cap-aux-Diamants: Revue d'histoire du Québec*, vol. 4, no. 2, Été 1988, pp. 59-62. Joan Severa's as yet unpublished work *Dressed for the Photographer: Ordinary Americans and Fashion: 1840-1900*, Kent, Ohio, Kent State University Press, will appear in 1992.

18 The fashion cycle has been defined as the "rise, culmination and decline of popular acceptance of a style". See Paul H. Nystrom, *Economics of Fashion*, 4th ed. (New York: The Ronald Press Company, 1938), p. 18.

19 The development of the sleeve will not be discussed in a contextual light. For a discussion of the period in the United States in which this evolution occurred, see Lois W. Banner, *American Beauty* (New York: Alfred A. Knopf, Inc., 1983).

20 Although C. Willett and Phillis Cunnington claim the bustle collapsed "almost abruptly in 1889", the dated Notman portrait photographs reveal a more gentle demise that is complete only by 1891. See C. Willett and Phillis Cunnington, *Handbook of English Costume in the Nineteenth Century*, 2nd ed. (London: Faber and Faber Ltd., 1966), p. 515. In the Notman cabinet photographs, the period between 1889 and 1891 is actually characterized by the persistence of some large bustle shapes (see fig. 27), but also by an increasing number of smaller bustles and fewer of the structured ones. The style finally evolves into one of general back fullness. (See Notman studio portrait photographs, microfilm reels 42-44.) The observations made regarding the Notman studio portrait photographs are based on a study of identified microfilm reels. They are the results of tallies and notes made from these on the particular issue being discussed, and are on file at the McCord Museum of Canadian History (Department of Costume and Textiles).

21 Quentin Bell, *On Human Finery,* 2nd ed. (London: The Hogarth Press, 1976), p. 60.

22 Naomi E. A. Tarrant, *The Rise and Fall of the Sleeve: 1825-1840* (Edinburgh: Royal Scottish Museum, 1983), p. 6.

23 Herbert G. Blumer, "Fashion", *International Encyclopedia of the Social Sciences*, vol. 5 (1968), p. 343.

24 Janet Arnold, "The Cut and Construction of Women's Dresses: 1890-1914" in *La Belle Époque*. Proceedings of the First Annual Conference of the Costume Society, London, April 1967, edited by Ann Saunders (London: Victoria and Albert Museum, 1968), p. 26.

25 Herbert G. Blumer, "Fashion: From Class Differentiation to Collective Selection", *The Sociological Quarterly,* Summer (1969), p. 283.

26 Anne Buck, *Victorian Costume and Costume Accessories*, ed. Hugh Wakefield, The Victorian Collector Series (London: Herbert Jenkins Ltd., 1961), p. 19.

27 Kurt Lang and Gladys Engel Lang, *Collective Dynamics*, 2nd ed. (New York: Thomas Y. Crowell Co., 1963), p. 474.

IV
Le goût collectif :
les gravures de mode et
les endroits chic de Montréal

S elon Anne Hollander, historienne du costume renommée, « les formes, les lignes et les textures des vêtements fluctuent aussi selon leurs propres lois formelles... Cependant, seules certaines varieront à un moment précis; ce sont celles que l'œil semble exiger[1] ». L'auteure fait d'abord allusion à la dynamique interne d'évolution du processus de la mode. Elle fait également référence à ce que l'œil voit et « semble exiger », c'est-à-dire à ce qu'il acceptera ou rejettera, ce qui suppose que le goût collectif de la société joue un rôle décisif dans l'évolution des nouveaux styles. Cette collectivité doit nécessairement refléter le climat mondial dans lequel elle évolue puisque le style qu'il approuve « doit être en harmonie avec les tendances du jour afin de pouvoir jouir d'une large diffusion[2] ». Le phénomène énigmatique du goût collectif a fait l'objet d'une étude du sociologue Herbert G. Blumer qui reconnaît que le sujet est encore obscur[3].

Au dix-neuvième siècle, le goût collectif est encore éduqué en partie, du moins, par les gravures et les chroniques de mode[4]. Pour bien souligner les nouvelles silhouettes à la mode, on remarque dans les gravures une exagération de certains aspects du costume. Les styles en constante fluctuation montrés dans ces images illustrent bien la dynamique interne qui marque l'évolution du processus de la mode. Toutefois, comme nous l'avons déjà mentionné, les styles sont le miroir d'un idéal plutôt que de la réalité.

L'orientation véritable de la mode, avec tous les changements qu'elle entraîne dans les formes, les contours ou la silhouette, est donc dictée dans une certaine mesure par l'opinion d'une « multitude anonyme » reflétant le goût collectif[5]. Cette « multitude » utilise également l'arène de la mode et les endroits publics chic pour voir ce qui est devenu acceptable et ce qui ne l'est plus, et finalement pour trancher. Le 1er septembre 1820, *La Belle Assemblée* affirme qu'il « est impératif qu'une dame s'informe des nouvelles tendances auprès de ses amies élégantes, car si elle se contente de se vêtir en s'inspirant uniquement des gravures, elle n'en est en général qu'une pâle imitation[6] ». Nous aborderons maintenant certains des faits saillants relatifs à l'évolution des gravures de mode et au rôle des lieux publics de Montréal dans la diffusion de la mode.

The Montreal Museum or Journal of Literature and Arts est à notre connaissance le premier journal féminin montréalais à tirage relativement important qui contenait des informations sur la mode[7]. Il était également appelé le *Ladies' Museum* par son éditeur, Ludger Duvernay[8].

Fig. 39
The Montreal Museum or Journal of Literature and Arts,
Montréal, janvier 1833.
Montreal, January 1833.

IV
Collective Taste:
Montreal Fashion Plates
and Views

T he well-known costume historian Anne Hollander has written that "the shapes, lines and textures of clothing also fluctuate according to their own formal laws... However, only certain ones will do at a given moment; these are the ones the eye seems to require".[1] The author is initially referring to the internal dynamic of change in the fashion process. She also makes reference to what the eye sees and "seems to require" - to what it will accept or reject of the new proposed fashions. This infers the role of society's collective taste as a judgemental factor in the evolution of new modes. This collectivity necessarily reflects the world climate in which it operates, since the style which is endorsed "must be found congenial to current trends in order to gain general dissemination".[2] The enigmatic phenomenon of collective taste has been discussed by the sociologist Herbert G. Blumer, who acknowledges that little is known about the subject.[3]

In the nineteenth century, collective taste was at least partially developed through information derived from fashion news and plates.[4] In order to clarify new fashionable silhouettes in the plates, certain aspects of the dress are often exaggerated. The fluctuating styles in these images are good examples in themselves of the internal dynamic of change. However, as has been noted, the styles reflect an ideal rather than reality.

The actual direction of fashion, including changes in stylish forms, shapes or silhouette, is thus dictated to a certain degree by the judgement of an "anonymous multitude" reflecting collective taste.[5] This "multitude" also uses the arena of fashion, public places where the new fashions are worn, to see what has become really acceptable and what has not, and finally to judge. *La Belle Assemblée* on September 1, 1820 advised "it is requisite for a lady to learn various modes from her tonish friends, for if she dresses merely from the engravings, she generally makes an awkward imitation".[6] This study will survey some highlights of the evolution of the fashion plate and some stylish public arenas of Montreal.

The first Montreal ladies' journal with fashion information and a run of any length which is known to us is *The Montreal Museum or Journal of Literature and Arts*.[7] It was also called the *Ladies' Museum* by its publisher, Ludger Duvernay.[8] The magazine was published monthly from December 1832 to February 1834. The first two issues each contained one fashion plate lithographed by Montrealer A. Bourne (act. 1820-1854).

Fig. 40
Godey's Lady's Book,
Philadelphie, février 1833.
Philadelphia, February 1833.
Photo: Service canadien des parcs, Environnement Canada, Ottawa.
Canadian Parks Service, Environment Canada, Ottawa.

The image in the second issue of January 1833 was black and white and appeared as the frontispiece, where it was entitled "The Queen of the Belgians in her Wedding Dress" (fig. 39).[9] The illustration had appeared previously as an engraving in the October 1832 issue of *The Court Magazine and La Belle Assemblée*, a London publication.[10] The descriptions of the dress in *The Court Magazine and La Belle Assemblée* (n.p.) and *The Montreal Museum or Journal of Literature and Arts* (p. 127) are identical. It is noteworthy that the time-lag between its appearance in London and

Fig. 41
The Montreal Museum or Journal of Literature and Arts,
Montréal, décembre 1832.
Montreal, December, 1832.

Ce magazine mensuel fut publié de décembre 1832 à février 1834. Les deux premiers numéros contenaient chacun une gravure de mode lithographiée par le Montréalais A. Bourne (actif de 1820 à 1854).

L'image publiée dans le deuxième numéro de janvier 1833 était en noir et blanc et figurait en frontispice. Elle était intitulée « The Queen of the Belgians in her Wedding Dress » (La reine des Belges en robe de mariée) (fig. 39)[9]. L'illustration avait déjà parue comme une gravure dans le numéro d'octobre 1832 de *The Court Magazine and La Belle Assemblée*, une publication londonienne[10]. Les descriptions de la robe dans *The Court Magazine and La Belle Assemblée* (n.p.) et dans *The Montreal Museum or Journal of Literature and Arts* (p. 127) sont identiques. Il est à noter qu'il s'est écoulé trois mois entre la parution de l'illustration à Londres et sa publication subséquente à Montréal, soit environ le temps qu'il a fallu à Mme Williams, dont nous avons parlé à la section précédente, pour adopter la mode londonienne[11].

Une autre illustration de la reine belge devait paraître un mois plus tard dans le numéro de février 1833 (n.p.) de la publication américaine *Godey's Lady's Book* (fig. 40)[12] mais l'image diffère de celle des publications montréalaise et londonienne. Selon l'éditeur, Louis A. Godey, la gravure donne « une idée exacte de la robe que portait Sa Majesté à l'occasion de son mariage[13] ». Puisqu'elle diffère des deux

autres illustrations, il est possible que cette image ait été tirée d'une autre source que *The Court Magazine and La Belle Assemblée*.

« Fashions for October 1832 » (Modes pour le mois d'octobre 1832), la gravure de mode en frontispice du premier numéro de la publication *The Montreal Museum or Journal of Literature and Arts* en décembre 1832 (fig. 41), est une lithographie partiellement coloriée comprenant deux toilettes inspirées d'un ou de plusieurs modèles européens[14]. Il est possible que le modèle à gauche de l'image (« robe du matin ») ait été réalisée d'après la toilette semblable illustré dans une gravure de mode du journal français *Petit Courrier des Dames* de septembre 1832 (fig. 42). Or, la même figure paraît dans le coin inférieur gauche d'une autre gravure de mode publiée en octobre 1832 dans la publication londonienne *Townsend's Monthly Selection of Parisian Costumes* (pl. 476; fig. 43). La gravure montréalaise fut probablement copiée d'après la gravure anglaise puisque la date de cette image coïncide avec le titre de la gravure montréalaise et que le détail du poignet se rapproche davantage de celui de la robe anglaise que du modèle français. Il existe cependant des différences entre les deux. Ainsi l'illustration montréalaise ne montre aucun détail sur le gant, et la silhouette est plus ample. De plus, le visage est moins délicat que dans les versions anglaise et française. L'autre toilette (« robe du soir ») de la gravure montréalaise « Fashions for October 1832 » (fig. 41) est fort probablement inspirée elle aussi d'un modèle de *Townsend's Monthly Selection of Parisian Costumes* d'octobre 1832 (pl. 473 à gauche; fig. 44)[15]. Il existe probablement une source française, non encore identifiée, de cette illustration anglaise. Encore une fois, le court délai de deux mois entre la publication d'images de mode dans un journal britannique et un journal montréalais est significatif[16].

Les journaux féminins importés étaient distribués à Montréal bien avant 1832. Une publication de Boston, *The Atheneum or the Spirit of the English Magazine* (1817-1833), contenait, dès octobre 1828, tant des informations sur la mode que des gravures. Il était possible de se la procurer à Montréal au moins cette année-là et l'année suivante[17]. Des journaux de mode anglais étaient également vendus à Montréal au début du siècle. La publication londonienne *The Lady's Monthly Museum; or Polite Repository of Amusement and Instruction: Being an Assemblage of Whatever Can Tend to Please the Fancy, Interest the Mind, or Exalt the Character of the British Fair* (voir fig. 1) et d'autres magazines féminins sont annoncés dans *The Montreal Gazette. La Gazette de Montréal* du 31 décembre 1810 par J. Brown et même dans l'édition du 4 mai 1804 de ce même journal par Basile Proulx.

Le nombre de journaux féminins illustrés semble avoir augmenté à Montréal au milieu du dix-neuvième siècle, période que certains considèrent comme « l'Âge d'or de la gravure de mode[18] ». C'est également à cette époque que s'établit la bourgeoisie canadienne, ce qui a probablement pour effet d'accroître la soif d'informations sur les derniers caprices de la mode[19]. Un grand nombre de magazines féminins américains, anglais et français étaient alors annoncés à Montréal; on y trouvait tant des gravures que des chroniques de mode (voir Annexe A). La diffusion de gravures de mode européennes dans la métropole permettait aux Montréalais de connaître rapidement les derniers styles en vogue. Ils n'étaient alors plus tenus

subsequent publication in Montreal is three months, approximately the same time it took Mrs. Williams to absorb a London fashion.[11]

Yet another illustration of the Queen of the Belgians appears one month later in an American publication, *Godey's Lady's Book*; (fig. 40), in the February 1833 issue (n.p.).[12] However, the image is different from that in the Montreal and London publications. Louis A. Godey, the publisher, stated that the engraving represented "an exact idea of the dress of her Majesty on the occasion of her marriage".[13] Because of the differences, it is probable that this image had a source other than *The Court Magazine and La Belle Assemblée.*

"Fashions for October 1832", the frontispiece fashion plate from the first issue of *The Montreal Museum or Journal of Literature and Arts*, that of December 1832, (fig. 41), is a partially-coloured lithograph comprising two figures. We know it was inspired by one or more European prototypes.[14] A possible source for the figure on the left (wearing "Morning Dress") is the similar standing figure in a fashion plate published in the French *Petit Courrier des Dames* of September 1832 (fig. 42). However, another fashion plate published in London's *Townsend's Monthly Selection of Parisian Costumes* of October 1832, shows the same figure at the lower left (pl. 476; fig. 43). The Montreal fashion plate was probably copied from this English plate, since the date of this image concurs with the title of the Montreal one, and the detail of the cuff is more similar to that in the English gown than to that in the French. There are, however, differences between the two; for instance, in the Montreal illustration, detail is missing on the glove, the figure is fuller, and the face less delicate than in either the British or the French version. The source for the other figure ("Evening Dress") in Montreal's "Fashions for October 1832" (fig. 41)

Fig. 42
Petit Courrier des Dames,
Paris, septembre 1832.
Paris, September 1832.
Photo: Costume Institute,
The Metropolitan Museum of Art.

Fig. 43
Townsend's Monthly Selection of Parisian Costumes (no 476),
Londres, octobre 1832.
London, October 1832.
Photo: The Metropolitan Museum of Art.

Fig. 44
Townsend's Monthly Selection of Parisian Costumes (no 473),
Londres, octobre 1832.
London, October 1832.
Photo: The Metropolitan Museum of Art.

d'attendre que les gravures européennes, qu'on se procurait souvent aux États-Unis par des intermédiaires, soient reproduites dans des publications américaines comme *Peterson's Magazine* ou *Godey's Lady's Book*[20], journal américain très populaire distribué à Montréal[21]. Une élogieuse lettre à l'éditeur signée « Champion » et envoyée de Milton, au Canada, fut publiée dans son numéro de janvier 1870 : « Il se situe en tête des magazines de mode d'aujourd'hui, et aucune dame ne saurait s'en passer[22]. »

Deux nouveaux journaux montréalais pour dames informant le public des dernières tendances de la mode furent publiés un peu plus tard. Il s'agit de *The New Dominion Monthly* (1868-1879) et de *L'Album de la Minerve* (1872-1874)[23]. De petit format, *The New Dominion Monthly* a publié, de 1869 à 1870, douze gravures rudimentaires en noir et blanc de dimensions réduites[24]. La plupart des personnages sont petits, d'apparence plutôt lugubre et sont représentés dans des poses statiques (fig. 45). Cependant, deux des gravures dont la source - Butterick and Co. de New York et Montréal - est clairement indiquée, présentent un style différent : les lignes sont plus fines et les formes plus nettes (fig. 46).

On a avancé l'hypothèse selon laquelle les gravures publiées dans *The New Dominion Monthly* « étaient habituellement d'origine américaine[25] ». Chose certaine, la majorité des nouvelles sur la mode que l'on trouve dans la publication montréalaise semblent provenir du magazine américain *Harper's Bazar*. Dans *The New Dominion Monthly* de juillet 1870, la gravure intitulée « Summer Fashions » (Modes estivales) (fig. 45) est une reproduction réduite d'une scène de bain beaucoup plus grande publiée un an auparavant, le 10 juillet 1869 en couverture du *Harper's Bazar*[26]. L'écart d'un an entre la publication initiale de la gravure américaine et sa reproduction, en format très réduit,

Fig. 45
The New Dominion Monthly,
Montréal, juillet 1870.
Montreal, July 1870.

SUMMER FASHIONS.

is surely again *Townsend's Monthly Selection of Parisian Costumes* of October 1832 (pl. 473 left; fig. 44).[15] There is probably a French source for this British illustration, yet to be identified. Again, the short time-lag of two months between the appearance of fashion images in a British journal and their reappearance in the Montreal one is of significance.[16]

Long before 1832, imported ladies' journals were availabe in Montreal. A Boston publication, *The Atheneum or the Spirit of the English Magazine* (1817-1833), featured both fashion information and plates from October 1828 on: it was available in Montreal at least in that year and in the one following.[17] British fashion news was also available at the beginning of the century. London's *The Lady's Monthly Museum; or Polite Repository of Amusement and Instruction: Being an Assemblage of Whatever Can Tend to Please the Fancy, Interest the Mind, or Exalt the Character of the British Fair* (fig. 1) and other ladies' magazines were advertised for sale in *The Montreal Gazette.La Gazette de Montréal* on December 31, 1810 by J. Brown and earlier in the same newspaper on May 4, 1804 by Basile Proulx.

The number of ladies' journals with accompanying fashion plates appears to have increased in Montreal in the mid-nineteenth century, a period seen by some as "the Golden Age of the fashion plate".[18] It was also at this time that the Canadian bourgeoisie had established itself, probably increasing the need for information on the latest mode.[19] A great number of American and English ladies' magazines, as well as French ones, were then advertised in Montreal; they included both fashion plates and news (see Appendix A). The availability of European fashion plates in the city made news of the latest styles speedily available to Montrealers. They were then not required to wait until European fashion plates, often procured in the United States through second-hand intermediaries, later appeared in such American publications as *Peterson's Magazine* or *Godey's Lady's Book*.[20] A very popular American journal available in Montreal was *Godey's Lady's Book*.[21] A laudatory letter to the editor from "Champion", Milton, Canada appeared in its January 1870 issue: "It stands foremost among the fashion books of to-day, and no lady should be without it".[22]

Two new Montreal ladies' journals with information on the latest mode also appeared slightly later. These were *The New Dominion Monthly* (1868-1879) and *L'Album de la Minerve* (1872-1874).[23] *The New Dominion Monthly* had a small format and in the years 1869 to 1870 featured twelve reduced crude black and white fashion plates.[24] Most of the figures in the images are small and rather lugubrious and static in pose (see, for example, fig. 45). However, two of the plates, which specifically designate Butterick and Co. of New York and Montreal as their source, are different in style from the other plates: the line is lighter and the form clearer (see, for example, fig. 46).

It has been suggested that the fashion plates of *The New Dominion Monthly* "were usually of American origin".[25] Certainly much of the modish news in the Montreal publication seems to point to the American *Harper's Bazar* as its informant. In Montreal's July 1870 *The New Dominion Monthly*, the fashion plate entitled "Summer Fashions" (fig. 45) is a reduced copy of a much larger bathing scene which appeared on the front page of *Harper's Bazar* a year earlier on July 10, 1869.[26] The time-lag of one year between

FASHIONS FOR OCTOBER.

Fig. 46
The New Dominion Monthly,
Montréal, octobre 1870.
Montreal, October 1870.

the initial appearance of the American fashion plate and its reappearance in a much smaller format in a Montreal publication is extremely long, when compared to some previously discussed Canadian-European norms. A year's lag is, however, not unusual in the American publication of copies of European fashion plates.[27] Possibly *The New Dominion Monthly* discovered the image of a bathing scene too late for the summer season, and therefore kept it for publication the following year.

No other illustrations have been located to date in *Harper's Bazar* to serve as a source for one in *The New Dominion Monthly*. It is therefore difficult to assess accurately just how current *The New Dominion Monthly* was.[28] Some of the fashion commentary in this journal was on the other hand specifically local.[29]

Montreal's *L'Album de la Minerve* (1872-1874), published monthly until December 1872 and weekly until July 1874, contained black and white fashion plates and illustrations until February of the latter year. The journal also featured two hand-coloured fashion plates, one on February 1, 1872 (n.p., fashion plate description, p. 92; fig. 47), and a second, this time a double image, only partially coloured, on July 1 of the same year (n.p., fashion plate description, p. 414; fig. 48).[30] The February fashion

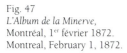

Fig. 47
L'Album de la Minerve,
Montréal, 1ᵉʳ février 1872.
Montreal, February 1, 1872.

dans un journal montréalais est extrêmement long comparativement aux normes canado-européennes. Il était cependant assez fréquent que des publications américaines reproduisent des gravures européennes un an après leur parution initiale[27]. *The New Dominion Monthly* n'a peut-être pas découvert cette scène à temps pour la saison estivale et l'a conservée pour l'année suivante.

À ce jour, aucune autre illustration du *Harper's Bazar* ne semble avoir servi au *New Dominion Monthly*. Il est donc difficile de savoir si *The New Dominion Monthly* était réellement à la fine pointe de la mode[28]. Certains de leurs commentaires ont par ailleurs un caractère résolument local[29].

Le journal montréalais *L'Album de la Minerve* (1872-1874), publié mensuellement jusqu'en décembre 1872 et hebdomadairement jusqu'en juillet 1874, a présenté des gravures et des illustrations de mode en noir et blanc jusqu'au mois de février 1874. Deux gravures coloriées à la main y ont également été publiées, l'une le 1ᵉʳ février 1872 (n.p., description de la gravure p. 92; fig. 47) et l'autre, double et partiellement coloriée, le 1ᵉʳ juillet de la même année (n.p., description de la gravure p. 414; fig. 48)[30]. La gravure de février (fig. 47), aux modèles pleins de sensibilité et de charme, est l'un des plus beaux exemples du genre.

Jules Marion (actif de 1875 à 1878), graveur et illustrateur montréalais, a apposé sa signature en script à gauche, sous l'image de droite coloriée à la main de l'illustration du numéro de juillet 1872 de ce même *L'Album de la Minerve* (n.p.; fig. 48)[31]. Il a également signé, en majuscules, une gravure en

noir et blanc publiée dans *L'Album de la Minerve* du 1ᵉʳ février de cette année (p. 86; fig. 49). Il ne fait aucun doute que Marion est l'auteur de la première image, comme l'indiquent les initiales « Sc » inscrites après son nom. Ces lettres représentent l'abréviation du terme latin « sculpsit » signifiant « gravé par ».

On a retrouvé, dans *The Englishwoman's Domestic Magazine* de mars 1872 (p. 163; fig. 50), l'image qui pourrait être à l'origine de l'illustration en couleurs du numéro de juillet 1872 de *L'Album de la Minerve* (fig. 48). On peut y voir la signature de l'artiste, qui devait figurer sur l'illustration originale française que la gravure anglaise a probablement copiée. La signature apparaît dans le coin inférieur droit de l'illustration anglaise, et n'est lisible qu'en partie. Elle semble correspondre cependant à celle de l'artiste ayant réalisé la gravure française, P. Deferneville[32]. L'image française, qui est identique, est possiblement à la source des gravures anglaise et montréalaise[33]. Il s'est écoulé un long laps de temps entre la parution initiale de cette image dans un journal français non encore identifié (sans aucun doute avant mars 1872, date de publication de la reproduction dans *The Englishwoman's Domestic Magazine*) et sa dernière parution, le 1ᵉʳ juillet 1872, dans *L'Album de la Minerve*. On peut évaluer ce délai à environ cinq à six mois, ce qui nous laisse supposer que la publication montréalaise a pu avoir de la difficulté à se procurer ses gravures de mode parisiennes. En effet, lorsque la direction de *L'Album de la Minerve* décide, en décembre 1873, de réduire considérablement le nombre de ses images de mode, elle donne entre autres raisons l'arrivée toujours tardive de ses gravures parisiennes[34]. Il est également intéressant de noter que la coiffure a été représentée de manière différente tant dans *L'Album de la Minerve* que dans *The Englishwoman's Domestic Magazine*, et que la gravure montréalaise est coloriée, alors que celle de Londres ne l'est pas. Les gravures de mode montréalaises coloriées à la main sont rares[35].

La gravure en noir et blanc à un seul personnage signée Marion (fig. 49) dont il a été question précédemment et qui figure dans le numéro de février 1872 de *L'Album de la Minerve*, semble avoir été réalisée dans un style totalement nouveau. Cela est probablement attribuable au fait que le prototype de l'illustration était une épreuve en noir et blanc tirée d'une gravure sur bois. On peut voir des exemples de ce type d'illustrations dans la publication américaine *Godey's Lady's Book* de l'époque, notamment dans les numéros du début des années 1870[36]. Ici, aucun décor n'entoure ces personnages isolés, aux contours nets, comme dans la gravure de Marion; ils sont imprimés sur des pages doubles et disposés en une sorte de procession. Des personnages semblables ont sans doute paru dans des journaux de mode français, mais ils n'ont pas encore été localisés.

On retrouve dans *L'Album de la Minerve* du 1ᵉʳ janvier 1872 (voir fig. 17), une audacieuse gravure de mode non signée aux dimensions énormes (43 x 76 cm). Il est possible qu'elle soit composée de plusieurs de ces personnages isolés; ceux-ci ont été superposés et sont représentés en petits groupes interactifs. Vingt-cinq d'entre eux sont exécutés avec la même précision que la gravure de mode de février (fig. 49). Pas moins de cinq posent « à la grecque », ce qui était alors très à la mode. L'image reflète un enthousiasme certain pour la mode.

Fig. 48
L'Album de la Minerve,
Montréal, 1ᵉʳ juillet 1872.
Montreal, July 1, 1872.

plate (fig. 47), its figures depicted with sensitivity and charm, is a most appealing example of its kind.

Jules Marion (act. 1875-1878), a Montreal engraver and illustrator, signed in script at the bottom left of the right-hand coloured image of the just-discussed fashion illustration in the July 1872 issue of *L'Album de La Minerve* (n.p; fig. 48).[31] He had also signed, in block letters, a black and white one published in *L'Album de la Minerve* on February 1 of that year (p. 86; fig. 49). Marion was certainly the engraver of the first image, as is indicated by the initials "Sc" that appear after his name. These letters represent the Latin word "sculpsit", meaning "has engraved it".

A possible source for the coloured illustration in the July 1872 *L'Album de la Minerve* (fig. 48) has been located in *The Englishwoman's Domestic Magazine* of March 1872 (p. 163; fig. 50). Here we see the artist's signature, which would have appeared on the original French illustration after which the British fashion plate was probably copied. The signature appears in the lower right-hand corner of the English illustration, and is not completely legible; however it appears to be that of the French fashion-plate artist P. Deferneville.[32] The source for both the British and Montreal fashion plates would possibly have been the identical French image.[33] There is a long time-lag between the proposed original appearance of this fashion image in an as yet unidentified French journal (certainly before March 1872, the publication date of the copy in *The Englishwoman's Domestic Magazine*), and its ultimate re-appearance in the July 1, 1872 issue of *L'Album de la Minerve*. This time-lag can be estimated as being five to six months long, and suggests that the Montreal publication might have had difficulty in obtaining its Parisian fashion plates. Indeed, when *L'Album de la Minerve* greatly reduced the number of fashion images published in December 1873, it cited as one of the reasons the habitual late arrival of its Parisian fashion plates.[34] The different treatment of the headdress in both *L'Album de la Minerve* and *The*

Fig. 49
L'Album de la Minerve,
Montréal, 1ᵉʳ février 1872.
Montreal, February 1, 1872.

Fig. 50
The Englishwoman's Domestic Magazine,
Londres, mars 1872.
London, March 1872.

Les autres gravures et illustrations qui figurent dans *L'Album de la Minerve* sont des lithographies ou des gravures sur bois. La réalisation des gravures diffère tout à fait de celle des images dont nous venons de parler. Les gravures sur bois entrent dans une autre catégorie. Au point de vue stylistique, elles se ressemblent toutes à différents degrés; la majorité d'entre elles sont plutôt rudimentaires et manquent de finesse. Les silhouettes sont allongées et les visages ont parfois de lourdes paupières : la ligne gravée donne une impression lugubre (voir, par exemple, fig. 51). Il semble même que les lecteurs de *L'Album de la Minerve* se seraient plaints de la qualité des illustrations qui étaient apparemment exécutées par de « jeunes Canadiens »[37]. Néanmoins, les toilettes sont en général bien représentées, même si les visages sont moins réussis, comme c'est aussi le cas dans la gravure de John Bourne intitulée « Fashions for October 1832 » (fig. 41). Malgré leur piètre qualité, ces images étaient de fidèles ambassadrices des dernières tendances de la mode.

Dix des gravures sur bois publiées dans *L'Album de la Minerve* sont signées H. Colin (signature complète, comme dans la fig. 51, ou fragmentée), ou portent les initiales H. C.[38]. Il pourrait s'agir d'Héloïse Colin (1820-1874), illustratrice de mode française renommée de l'époque[39]. Il était normal qu'une publication francophone de Montréal reproduise de telles gravures de mode françaises. L'éditeur

a également déclaré que les gravures de *L'Album de la Minerve* s'inspiraient des images des meilleurs journaux de mode parisiens[40].

Au milieu du dix-neuvième siècle, des gravures de mode paraissent pour la première fois dans des journaux d'information distribués à Montréal. Par exemple, *The Illustrated London News* (1843-) en publie régulièrement entre 1848 et 1872 environ, puis à l'occasion jusqu'en 1895[41]. De nombreuses gravures sur bois et illustrations de mode paraissent également dans la publication hebdomadaire montréalaise *Canadian Illustrated News* (1869-1883), surtout de 1869 à 1876 environ. Elles y sont par la suite publiées de façon sporadique puis à de rares occasions. La plupart sont pleines de charme; elles figurent certainement parmi les plus belles publiées jusqu'à maintenant à Montréal. La majorité des gravures sur bois sont anonymes. Certaines portent des signatures ou des initiales illisibles, tandis que d'autres portent des noms, sans doute d'artistes européens, sur lesquels nous ne savons encore pratiquement rien. Parmi ceux-ci, mentionnons V. Stablo (voir *Canadian Illustrated News*, 31 octobre 1874, p. 285) et H. Duteil (voir *Canadian Illustrated News*, 19 décembre 1874, p. 396). Cependant, d'autres gravures sont attribuées à des illustrateurs français renommés, ou portent même leurs signatures, comme celles des célèbres sœurs parisiennes Anaïs Toudouze (1822-1899) et Héloïse Colin, dont nous avons déjà parlé et qui signait parfois Leloir, le nom de son mari (voir Annexe B).

Une comparaison entre les gravures de mode publiées dans *Canadian Illustrated News* entre 1869 et 1876 et dans le magazine new-yorkais *Harper's Bazar* (1867-1898) révèle, ce qui est étonnant, de nombreux cas de reproduction (voir Annexe C). Les images étant absolument identiques dans les deux publications, exception faite de leurs dimensions (elles ont été agrandies ou réduites), elles ont probablement été reproduites selon le procédé photographique que l'on a identifié ici de manière hypothétique comme la photolithographie[42]. Les illustrations nord-américaines auraient été photolithographiées d'après des épreuves identiques tirées à partir d'une planche de bois gravée. Exception faite de trois cas, l'image de mode figure d'abord dans la publication montréalaise (voir Annexe C, nᵒˢ 7, 9 et 17). Par exemple, l'image « Fall Fashions: Indoor Costumes » (Modes d'automne : vêtements d'intérieur) dans *Canadian Illustrated News* du 24 octobre 1874 (p. 269; fig. 52; Annexe C, nᵒ 13) est d'abord publiée à Montréal; deux semaines plus tard, elle réapparaît sous le titre « Ladies' Winter Dresses » (Robes d'hiver pour dames) dans *Harper's Bazar* du 7 novembre 1874 (p. 724-725; Annexe C, nᵒ 13). Bien que la comparaison ait été effectuée d'après une liste non exhaustive, elle indique que Montréal était à l'avant-garde de la publication des modes les plus récentes. En outre, nous savons à l'heure actuelle qu'il existe trois cas où des gravures de mode ont été publiées dans *Canadian Illustrated News* de Montréal un à deux mois avant leur parution dans *The Englishwoman's Domestic Magazine* de Londres (voir Annexe D).

Il est possible de déduire la provenance des images de *Canadian Illustrated News* et *Harper's Bazar*. Dans le premier éditorial du *Harper's Bazar*, le 2 novembre 1867, on apprend que « des ententes spéciales ont été conclues avec les principaux journaux de mode européens, notamment

Englishwoman's Domestic Magazine images is also of interest, as is the fact that the Montreal plate is coloured while the London one is not. Hand-coloured Montreal fashion plates are rare.[35]

The previously mentioned black and white fashion plate of a single figure in *L'Album de la Minerve* of February 1872, signed by Marion (fig. 49), seems to have been executed in a completely new style. This is probably because the prototype for the illustration was a black and white print pulled from a wood-engraving. Examples such as these are seen in the American *Godey's Lady's Book* at the time, for instance in the issues of the early 1870s.[36] These isolated figures of fashion in *Godey's Lady's Book* were not placed in a setting, had a hard-edged cut-out look about them, as does the Marion, and were printed on fold-out pages in a procession-like configuration. Figures such as these probably also appeared in French fashion journals, but are yet to be identified.

An unsigned ambitious over-sized fold-out (43 by 76 cm) of a black and white fashion plate published in *L'Album de la Minerve* of January 1872 (see fig. 17) is possibly a composite of several of the single-figure types discussed above; they have been superimposed one on the other, and are depicted in interactive groupings. Twenty-five of these figures are executed with a clarity similar to that in the February fashion plate (fig. 49). The fashionable pose called the Grecian bend is seen in no less than five instances. An enthusiasm for fashion seems to permeate the image.

The other plates and illustrations in *L'Album de la Minerve* are either lithographs or wood-engravings; the latter especially are very different in their handling from the images just discussed. These wood-engravings reveal yet another mode. They all resemble each other stylistically in varying degrees, most being rather crude and lacking subtlety. The figures usually have elongated bodies and sometimes heavy-lidded eyes: the engraved line is lugubrious (see, for instance, fig. 51). *L'Album de la Minerve's* readership even appears to have launched complaints about the quality of the illustrations, which had apparently been executed by "*jeunes Canadiens*".[37] Nevertheless, the costume is usually clearly delineated although the artist probably had difficulty with the face, as did John Bourne in his "Fashions for October 1832" (fig. 41). In spite of their poor quality, the images were clear purveyors of the latest fashionable form.

Ten of the wood-engravings in *L'Album de la Minerve* bear the name of H. Colin (either complete, see, for example, fig. 51, or fragmented), or the initials H. C.[38] H. Colin may be Héloïse Colin (1820-1874), a leading French fashion-plate artist of the period.[39] The copying of French fashion plates such as these would be natural for a Montreal francophone publication. The publisher also made the general statement that *L'Album de la Minerve* fashion plates were based on those found in the best Parisian journals.[40]

During the mid-nineteenth century, fashion plates appeared for the first time in newspapers available in Montreal. For example, *The Illustrated London News* (1843-) published them from about 1848 to 1872, and then occasionally until 1895.[41] Many wood-engraved fashion plates and illustrations are also seen in the Montreal weekly publication the *Canadian Illustrated News* (1869-1883), mostly from 1869 to about 1876; examples appear sporadically and very rarely thereafter. Most of these

illustrations have considerable charm; they are certainly among the most attractive published in Montreal up to then. The majority of the wood-engravings are unattributed; some carry illegible signatures or initials, while others are signed with names, probably of European artists, about whom as yet we know virtually nothing. Among these are V. Stablo (see *Canadian Illustrated News*, October 31, 1874, p. 285) and H. Duteil (see *Canadian Illustrated News*, December 19, 1874, p. 396). However, others are attributed to or signed by known French illustrators such as the prestigious Parisian fashion illustrators who were sisters - Anaïs Toudouze (1822-1899) and the already-mentioned Héloïse Colin, who sometimes used her husband's name, Leloir, for her signature (see Appendix B).

A comparison of fashion plates in the *Canadian Illustrated News* between 1869 and 1876 with ones in New York City's *Harper's Bazar* (1867-1898) surprisingly reveal numerous instances of duplication (see Appendix C). Since the images are exactly the same in both publications but of different dimensions, having been either enlarged or reduced, they were probably reproduced using a process involving photography which has here been tentatively identified as photolithography.[42] These North American illustrations would have been photolithographed from identical prints taken from wood-engraved blocks. In all but three instances in this comparison, the fashion image appeared in Montreal before publication in New York (see Appendix C, nos. 7, 9,

Fig. 51
L'Album de la Minerve,
Montréal, 15 mai 1873.
Montreal, May 15, 1873.

8.—TOILETTE DE PROMENADE.

Fig. 52
Canadian Illustrated News,
Montréal 24 octobre 1874.
Montreal, October 24, 1874.

Fig. 53
Le Monde Illustré,
Montréal, 18 septembre 1897.
Montreal, September 18, 1897.

avec la publication allemande *Der Bazar*, afin que *Harper's Bazar* reçoive les dessins de mode à l'avance et puisse les publier en même temps que les magazines de Paris, de Berlin et des autres villes européennes[43] ». Montréal aurait pu faire partie de cette liste des capitales de la mode. Il ne fait aucun doute qu'elle a obtenu les mêmes illustrations que *Harper's Bazar* auprès d'une source commune, et à peu près au même moment, si ce n'est plus tôt. On peut donc présumer que la publication canadienne a, elle aussi, conclu une « entente spéciale » avec une source européenne[44].

De 1872 à 1883, la publication montréalaise *L'Opinion Publique* (1870-1883) publie sept pages contenant une ou plusieurs gravures de mode. L'une d'elles représentait des costumes d'enfant. Quatre des illustrations avaient d'abord paru dans *Canadian Illustrated News* tandis qu'une cinquième, publiée en mai 1883, fut elle-même à la source d'une reproduction dans *Canadian Illustrated News*[45]. La récurrence de l'image n'a rien d'étonnant, les deux publications étant imprimées et éditées par Georges E. Desbarats (1838-1893).

Un important événement marqua la fin du dix-neuvième siècle, soit la parution à Montréal de nouvelles publications francophones contenant des chroniques, des gravures et des illustrations de mode. Il s'agissait de *Le Monde Illustré* (1884-1902), *Le Passe-Temps* (1895-1950) et *Le Samedi* (1889-1940). *Le Monde Illustré* présentait fréquemment d'élégantes gravures de mode qui étaient des répliques reconnues de gravures parisiennes. Dans le numéro du 18 septembre 1897, par exemple, il est clairement indiqué que l'illustration intitulée « La Mode » (fig. 53) est tirée de la publication *La Saison*, elle-même l'édition parisienne du périodique allemand *Die Modenvelt*[46]. Ainsi se poursuivait la tradition montréalaise, amorcée avec John Bourne, de l'utilisation fréquente et directe d'images de mode européennes[47].

MONTREAL.—A SKETCH ON ST. JAMES STREET.

Fig. 54
Canadian Illustrated News,
Montréal, 16 janvier 1875.
Montreal, January 16, 1875.

and 17). For example, "Fall Fashions: Indoor Costumes" in the *Canadian Illustrated News* of October 24, 1874 (p. 269; see fig. 52; Appendix C, no. 13) appeared first in Montreal; two weeks later it reappeared entitled "Ladies' Winter Dresses" in *Harper's Bazar* of November 7, 1874 (pp. 724-725; Appendix C, no. 13). In spite of the fact that the list from which the comparison was made is partial, it suggests that Montreal was avant-garde in its publication of the most recent fashionable form. Furthermore, at present three instances are known where fashion plates were published in Montreal in the *Canadian Illustrated News* one to two months before their appearance in *The Englishwoman's Domestic Magazine* in London (see Appendix D).

The source for the images that appeared in both the *Canadian Illustrated News* and *Harper's Bazar* can be inferred. In Harper's Bazar's first editorial of November 2, 1867, we learn that "special arrangements had been made with leading European journals, particularly with the German *Der Bazar*, whereby *Harper's Bazar* would receive fashion designs in advance and publish them at the same time that they appeared in Paris, Berlin and other European cities".[43] Montreal could have been added to this list of fashion capitals. There is no question that it received those illustrations for which duplicates are found in *Harper's Bazar* from a source common to both publications, and at about the same time, if not before. It can therefore be assumed that the Canadian publication, too, would have made "special arrangements" with a European source.[44]

Montreal's *L'Opinion Publique* (1870-1883) featured seven layouts of one or several fashion plates in the years 1872 to 1883. Of these, one depicted children's attire. Four of the illustrations had their origin in the *Canadian Illustrated News*, while a fifth, in May of 1883, was itself the source for its companion image in the *Canadian Illustrated News*.[45] The recurrence of the same image in both publications is not surprising, since they shared the same printer and publisher, Georges E. Desbarats (1838-1893).

Of significance for the latter part of the nineteenth century was the appearance in Montreal of new francophone publications with fashion information, plates and illustrations. They were *Le Monde Illustré* (1884-1902), *Le Passe-Temps* (1895-1950) and *Le Samedi* (1889-1940). *Le Monde Illustré* often published elegant fashion plates which were acknowledged replicas of Paris ones. For instance "La Mode" (fig. 53), an illustration that appeared in the September 18, 1897 issue of *Le Monde Illustré*, is acknowledged as being from *La Saison*, which itself was the Parisian edition of the German periodical *Die Modenvelt*.[46] This continued the Montreal tradition, seen first with John Bourne, of the frequent and direct use of European fashion images.[47]

For just thirteen months from November 22, 1884, the newspaper *La Presse* (October 20, 1884 -) included charming but crude fashion illustrations with a regular week-end fashion column. "Courrier de la Mode", signed by "Pépia", included patterns for dress, some from the American firms of Butterick and Madame Demorest. Thereafter, fashion news and/or rough and rudimentary illustrations appeared sporadically in this newspaper during the remainder of the nineteenth century. The vestigial character of the illustrations coincides with the general decline in quality of the fashion plate at this time. Photography became the principal medium of fashion illustration.

The new styles proposed by fashion publications such as these were not necessarily accepted. They must first have been worn in a public arena by those willing to wear innovative styles, and secondly have been seen by potential followers, who accepted or rejected them.[48] Theatre audiences, such as those attending Montreal's Theatre Royal, provide an example of such an arena.[49] In 1833 a ladies' journal was asked to comment on Montreal fashions for outsiders. "Several of our country correspondents have requested us to give them some particulars concerning the audience, ladies' dresses etc... there were on most nights the

CACOUNA.—LA PROMENADE.

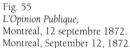

Fig. 55
L'Opinion Publique,
Montréal, 12 septembre 1872.
Montreal, September 12, 1872.

À compter du 22 novembre 1884, pendant treize mois seulement, le journal *La Presse* (20 octobre 1884 -) publia des illustrations charmantes mais rudimentaires dans sa chronique de mode du week-end. Signée « Pépia », le « Courrier de la Mode » incluait des patrons de robes, dont certains provenaient des firmes américaines Butterick et Madame Demorest. Par la suite, des nouvelles sur la mode ou des illustrations rudimentaires y furent publiées de manière sporadique jusqu'à la fin du dix-neuvième siècle. Le manque de raffinement des illustrations coïncide avec la baisse générale de la qualité des gravures de mode à cette époque. La photographie supplanta alors la gravure de mode.

Les nouveaux styles proposés par ces publications de mode n'étaient pas nécessairement acceptés d'emblée. En premier lieu, ils devaient avoir été portés dans un endroit public par les plus audacieux, puis vus par des adeptes éventuels qui les acceptaient ou les rejetaient[48]. Le public du Theatre Royal de Montréal était à l'avant-garde de la mode[49]. En 1833, un journal féminin fut appelé à commenter la mode montréalaise à l'intention des étrangers. « Plusieurs de nos correspondants nous ont demandé de leur donner certains détails concernant le public de théâtre, la tenue vestimentaire des dames, etc... le public habituel des représentations est composé de jeunes femmes en robes rose vif ou en négligés corail, de matrones en gros de Naples[50]. »

Les populaires bals Garrison, auxquels assistaient les soldats britanniques, ont constitué un événement important dans la vie de la société montréalaise jusqu'à leur disparition en 1870[51]. Dans le compte rendu d'un bal récent, *The Montreal Transcript and General Advertiser* du 3 mai 1838 affirme que le bal offre une belle occasion de parader. « La ville de Montréal est en général reconnue pour l'esprit avec lequel ses dames participent à toute festivité, et elles étaient à cette occasion tout à fait à la hauteur de leur réputation d'élégance et de splendeur. »

Dans les années 1870, *Canadian Illustrated News* et *L'Opinion Publique* étaient remplis d'images, d'ailleurs souvent identiques, d'endroits où les dernières tendances de la mode, sous toutes leurs formes, pouvaient être admirées. On retrouve par exemple dans le numéro du 16 janvier 1875 du *Canadian Illustrated News* une vue de la rue St. James (aujourd'hui Saint-Jacques) (fig. 54). On a fait observer que cette rue constituait « le meilleur endroit pour être vu, car c'est dans ce secteur restreint que se situe le cœur de Montréal[52] ». Une scène de promenade animée de Cacouna, l'un des endroits chic de l'époque situé sur la rive sud du Saint-Laurent, est représentée dans le numéro du 12 septembre 1872 de *L'Opinion Publique* (fig. 55). La « conversazione » qui se tint dans la salle de billard de l'Hôtel Windsor pendant la présentation d'une exposition de l'Art Association of Montreal (fig. 56) fut l'occasion d'admirer de près et dans une atmosphère plus intime les dernières nouveautés. « La salle était remplie d'une assistance rivalisant de beauté et d'élégance[53]. » Ici comme en Europe, les parcs constituaient un endroit propice à l'exhibition des toilettes les plus en vogue, comme en témoigne la représentation du parc Viger de Montréal dans *L'Opinion Publique* du 18 août 1870 (fig. 57).

THE ART ASSOCIATION CONVERSAZIONE ON THE EVENING OF FEBRUARY 15.

Fig. 56
Canadian Illustrated News,
Montréal, 23 février 1878.
Montreal, February 23, 1878.

LE CARRÉ VIGER, MONTREAL.—D'après un croquis de notre Artiste.—Voir page 387.

Fig. 57
L'Opinion Publique,
Montréal, 18 août 1870.
Montreal, August 18, 1870.

usual complement of young ladies in bright pink dresses and coral negligées, of mature matrons in gros de Naples".[50]

Garrison balls with the British regulars were popular, and were central to Montreal society until they withdrew in 1870.[51] Reporting on a recent ball, *The Montreal Transcript and General Advertiser* of May 3, 1838 called it "a field for display ... Montreal has generally been remarked for the spirit with which its ladies enter into any festivity, nor were they on this occasion a whit behind their established reputation in the splendour and variety of their costume."

In the 1870s the *Canadian Illustrated News* and *L'Opinion Publique* abounded with images, often identical to each other, of settings where fashionable costume was seen in all its variety. For instance, a view of St. James Street (present-day rue Saint-Jacques) is found in the *Canadian Illustrated News* issue of January 16, 1875 (fig. 54); it has been observed that this street is "the best place to be seen, for within that narrow area is the heart of Montreal".[52] And a lively promenade scene in Cacouna, one of the fashionable resorts of the time on the south shore of the St. Lawrence River, is found in the September 12, 1872 issue of *L'Opinion Publique* (fig. 55). Fashions could be observed at closer range in more intimate surroundings, such as at the Art Association of Montreal during an exhibition "Conversazione" (fig. 56), held in the billiard room of the Windsor Hotel. "The room was filled with an audience

À Paris, le Bois de Boulogne était l'un de ces hauts lieux de l'élégance. Le parc attirait non seulement aux heures propices les gens chic et soucieux de la mode mais également les dessinateurs qui y trouvaient une source d'inspiration pour leurs gravures de mode. Ils fréquentaient cet endroit ainsi que d'autres endroits à la mode privés et publics, afin de pouvoir admirer les styles les plus récents et tenter d'imaginer les tendances futures[54]. Et une autre étape était ainsi franchie dans le processus énigmatique de la mode.

Comme nous l'avons démontré, non seulement la ville de Montréal était-elle, au dix-neuvième siècle, extrêmement bien renseignée sur la mode, mais elle recevait même parfois les derniers styles avant New York et Londres. Certains lieux publics reconnus, où l'on pouvait examiner librement les styles les plus novateurs, ont contribué davantage à la diffusion de la forme à la mode dans cette ville.

[1] Anne Hollander, *Seeing Through Clothes*, New York, The Viking Press, 1978, p. 312.

[2] Herbert G. Blumer, « Fashion », *International Encyclopedia of the Social Sciences*, vol. 5, 1968, p. 343.

[3] *Ibid*, p. 344.

[4] Parmi les autres sources reconnues ayant contribué au développement du goût collectif en matière de mode, mentionnons l'influence exercée par le couturier, particulièrement remarquable depuis le milieu du siècle, et l'arrivée à Paris du couturier britannique Charles Frederick Worth. Nous n'avons pas abordé cet aspect puisque notre étude se limite à Montréal, aux gravures de mode qui y étaient publiées et aux lieux publics où les nouvelles modes étaient affichées, sujets qui n'ont pratiquement jamais été étudiés par le passé. C'est pour cette même raison que nous n'avons pas traité d'autres aspects du processus de la mode, comme le rôle joué en Europe au dix-neuvième siècle par la noblesse de cour, les artistes de théâtre et les personnalités de la vie mondaine dans la diffusion des derniers styles.

[5] Kurt Lang et Gladys Engel Lang, *Collective Dynamics*, 2ᵉ éd., New York, Thomas Y. Crowell Co., 1963, p. 466.

[6] *La Belle Assemblée*, septembre 1820, p. 232, 233, cité dans Dilys Blum, *Illusion and Reality: Fashion in France 1700-1900* (cat. exp.), Houston (Texas), Museum of Fine Arts, 1986, p. 25.

[7] On connaît l'existence d'un journal féminin plus ancien, le *Montreal Monthly Magazine* contenant des informations sur la mode et une gravure en couleurs. Voir Mary Allodi, *Printmaking in Canada: The Earliest Views and Portraits* (cat. exp.), Toronto, Royal Ontario Museum, 1980, p. 82, 83. Une illustration de la gravure de mode « London Fashions for Jan. 1831 » (Modes londoniennes pour janvier 1831), publiée dans *Montreal Monthly Magazine*, est reproduite dans l'ouvrage d'Allodi. Il semblerait cependant qu'un seul numéro ait été publié, en mars 1831. Il se trouve en dépôt à la Bibliothèque de la Ville de Montréal, Collection Gagnon, ainsi qu'au Séminaire de Québec. Voir André Beaulieu et Jean Hamelin, *La presse québécoise des origines à nos jours*, Québec, Les presses de l'Université Laval, 1973, vol. 1, p. 70. *The Montreal Museum or Journal of Literature and Arts* est mentionné pour la première fois dans Mary Allodi, *op. cit.*, p. 95.

[8] André Beaulieu et Jean Hamelin, *op. cit.*, p. 75.

[9] Voir Mary Allodi, *op. cit.*, p. 94, 95.

[10] La localisation de la source de cette image doit être attribuée à Françoise Bouvier, actuellement aux Archives nationales du Canada. Conversation avec Mary Allodi, 12 octobre 1990.

[11] Voir Section III, p. 58.

[12] Conversation avec Mary Allodi, 12 octobre 1990.

[13] *Godey's Lady's Book*, février 1833, p. 49.

[14] *The Montreal Museum or Journal of Literature and Arts*, février 1833, p. 192, cité dans Mary Allodi, *op. cit.*, p. 95.

[15] Conversation téléphonique avec Nancy Rexford, 20 décembre 1990.

[16] L'identification de ces images démontre à quel point il est difficile de déterminer avec précision la source d'une gravure de mode. Elle donne également une idée du nombre de gravures de mode copiées à cette époque.

[17] Evelyn J. Coleman, « Boston Atheneum for Fashions », *Dress*, vol. 5, 1979, p. 25-32. Une correspondance avec l'auteure, en juin 1980, a révélé qu'en 1828, E. B. Whiting agissait comme agent à Montréal. Il fut remplacé par J. A. Moisington and Co. l'année suivante.

[18] Vyvyan Holland, *Handcoloured Fashion Plates: 1770-1899*, Londres, B. T. Batsford Ltd., 1955, p. 97.

[19] Paul-André Linteau, René Durocher et Jean-Claude Robert, *Histoire du Québec contemporain : de la Confédération à la crise (1867-1929)*, Québec, Les Éditions du Boréal Express, 1979, p. 78.

[20] Voir Section III, n. 10, p. 66.

[21] Non seulement la vente de *Godey's Lady's Book* était-elle annoncée à Montréal, mais le magazine contenait de la publicité destinée à d'éventuels lecteurs canadiens. Voir par exemple *Godey's Lady's Book*, décembre 1864, (couverture intérieure).

[22] *Godey's Lady's Book*, janvier 1870, p. 100.

[23] Il est fait mention de ces journaux pour la première fois dans les ouvrages avant-gardistes de Eileen Collard sur le costume canadien. Nous possédons maintenant de plus amples informations. Voir par exemple *Clothing in English Canada: Circa 1867 to 1907*, Burlington (Ontario), Eileen Collard, 1975, p. 5, 72. Voir aussi *Guide to Dressmaking and Fancy Work*, Burlington (Ontario), Eileen Collard, 1977, p. 2, 3.

[24] En raison du manque de consensus parmi les historiens et les chroniqueurs contemporains du costume sur la distinction entre une gravure de mode et une illustration, une définition de la gravure de mode, tel que le terme a été utilisé dans le présent ouvrage, est donnée dans le Glossaire.

[25] Eileen Collard, *Clothing in English Canada: Circa 1867 to 1907*, Burlington, (Ontario), Eileen Collard, 1975, p. 5. Lors d'une conversation tenue le 19 octobre 1990, l'auteure ne pouvait élucider davantage la question des sources américaines des gravures de mode publiées dans *The New Dominion Monthly*.

[26] En raison du petit format de l'image publiée dans *The New Dominion Monthly*, il est difficile de déterminer s'il s'agit d'une réplique exacte de l'illustration new-yorkaise. Cependant, il est intéressant de noter que les trois modèles à gauche de l'image ont été reproduits dans une forme quelque peu simplifiée dans le numéro de juillet 1872 de *Godey's Lady's Book* (p. opp. à la p. 25; pl. 7, 8 et 9), deux ans après leur parution dans *The New Dominion Monthly*.

[27] Voir Section III, p. 58.

[28] Le long laps de temps qui s'écoule entre la parution de « Summer Fashions » dans *The New Dominion Monthly* et sa source possible, *Harper's Bazar*, laisse supposer que la publication canadienne n'était pas vraiment à la fine pointe de la mode. Son éditeur, John Dougall, s'était prononcé en faveur d'une réforme du costume qui, de manière générale, était à l'antithèse de la mode. Il avait en effet publié à Montréal, en 1876, un livre sur ce type de réforme, *Dress and Health, or How to be Strong: a Book for Ladies*, Montréal, J. Dougall, 1876.

[29] Dans la chronique de mode du *New Dominion Monthly* de janvier 1870 (p. 57) par exemple, on parle d'un nouveau style de « nuage », un foulard typiquement montréalais porté en hiver. En décembre 1869 (p. 49), un journaliste écrit que « avec le mois de décembre arrivent les modes de France, d'Angleterre et des États-Unis ». Il est à noter que l'influence de la mode américaine à Montréal est mentionnée au même titre que celle de France et d'Angleterre.

[30] Les gravures de février et de juillet 1872 ont toutes deux été retrouvées pliées, mais non reliées, dans des exemplaires de *L'Album de la Minerve* en dépôt aux Collections spéciales de l'Université de Montréal.

[31] J. Russell Harper, *Early Painters and Engravers in Canada*, vol. 2, Toronto, University of Toronto Press, 1970, p. 64. Il y a à gauche de la gravure de mode en couleurs du numéro de juillet 1872 de *L'Album de la Minerve* (description p. 414), une image de mode en noir et blanc non signée qui pourrait être également de Marion. Nous avons par contre une autre illustration, représentant cette fois une dame élégante, signée par ce Montréalais dans *L'Album de la Minerve*. L'épreuve porte clairement la signature en script de l'illustrateur-graveur; les lettres « Sc » suivent son nom. L'image figure sur la couverture d'un feuillet de musique intitulé « Un Rêve d'Or : Valse » placé en encart dans le numéro de septembre 1872 de *L'Album de la Minerve*.

[32] Nous ne connaissons pas les dates de naissance et de décès de Deferneville. On sait par contre que ses gravures ont été publiées dans le *Journal des Demoiselles* et dans la *Revue de la mode* de 1872. Raymond Gaudriault, *La gravure de mode féminine en France*, Paris, Les Éditions de l'Amateur, 1983, p. 205.

[33] Nous savons que *L'Album de la Minerve* tirait ses gravures de mode de journaux français. Voir *L'Album de la Minerve*, 18 décembre 1873, page couverture. De plus, la représentation des plumes de l'oiseau est plus détaillée dans l'image montréalaise que dans celle du *Englishwoman's Domestic Magazine*. Dans les répliques de gravures de mode, les détails

brilliant in beauty and fashion".[53] In Europe, as well as here, parks were used as a parade ground for the latest styles. Viger Park in Montreal, depicted in *L'Opinion Publique* of August 18, 1870, serves as an example (fig. 57).

One such park in Paris, well-known for the parade of elegant modish toilettes, was the Bois de Boulogne. Not only did the fashionable and fashion-conscious visit the park at propitious times, but so did the fashion plate artists. They came here and to other private and public fashionable venues to see the latest styles and to interpret what they thought would be future trends.[54] And yet another layer was thus added to the enigmatic fashion process.

As has been shown, there was no lack of fashion news in this city during the nineteenth century, and there were instances where the latest fashions arrived first in Montreal rather than in New York or London. Acknowledged arenas, where recent form in fashion could be observed at first hand, made a further contribution towards the rapid dissemination of fashionable form in this city.

1 Anne Hollander, *Seeing Through Clothes* (New York: The Viking Press, 1978), p. 312.

2 Herbert G. Blumer, "Fashion", *International Encyclopedia of the Social Sciences*, vol. 5 (1968), p. 343.

3 *Ibid*, p. 344.

4 Some of the other acknowledged sources which assist in forming public taste in fashion include that of the influence of the designer, particularly evident since the mid-century and the appearance of the British couturier Charles Frederick Worth in Paris. This has not been discussed since the ensuing focus will be on Montreal - on fashion plates which were available there and on its cityscape where new modes were worn. These subjects have received virtually no investigation in the past. For the same reason, other aspects of the fashion process, such as the role of modish leadership in nineteenth-century European courts, theatre and social life, has not been addressed.

5 Kurt Lang and Gladys Engel Lang, *Collective Dynamics*, 2nd ed. (New York: Thomas Y. Crowell Co., 1963), p. 466.

6 *La Belle Assemblée*, September 1820, pp. 232 and 233, as cited in Dilys Blum, *Illusion and Reality: Fashion in France 1700-1900*, exhib. cat., (Houston, Texas: Museum of Fine Arts, 1986), p. 25.

7 The existence is known of an earlier ladies' journal, the *Montreal Monthly Magazine*, containing fashion news and one coloured fashion plate. See Mary Allodi, *Printmaking in Canada: The Earliest Views and Portraits*, exhib. cat., (Toronto: Royal Ontario Museum, 1980), pp. 82 and 83. An illustration of the fashion plate "London Fashions for Jan. 1831", which it featured, is included in the Allodi publication. However, it appears that probably only one issue was published, that of March, 1831. Locations have been found for this one volume in the Bibliothèque de la Ville de Montréal, the Collection Gagnon, and the Séminaire du Québec. See André Beaulieu and Jean Hamelin, *La presse québecoise des origines à nos jours* (Québec: Les Presses de l'université Laval, 1973) vol. 1, p. 70. *The Montreal Museum or Journal of Literature and Arts* was first mentioned in Allodi, *op. cit.*, p. 95.

8 André Beaulieu and Jean Hamelin, *op cit.*, p. 75.

9 See Mary Allodi, *op. cit.*, pp. 94 and 95.

10 Françoise Bouvier, presently with the National Archives of Canada, is to be credited with locating the source for this image. Conversation with Mary Allodi, October 12, 1990.

11 See Section III, p. 59.

12 Conversation with Mary Allodi, Oct. 12, 1990.

13 *Godey's Lady's Book*, February 1833, p. 49.

14 *The Montreal Museum or Journal of Literature and Arts*, February 1833, p. 192, as cited in Mary Allodi, *op. cit.*, p. 95.

15 Telephone conversation with Nancy Rexford, December 20, 1990.

16 The identification of these images provides a good example of the difficulty of determining the precise source of a fashion plate. It also suggests the amount of fashion plate copying done at that time.

17 Evelyn J. Coleman, "Boston Atheneum for Fashions", *Dress*, vol. 5 (1979), pp. 25, 32. Correspondence with the author, June 1980, revealed that in 1828, E. B. Whiting was the agent in Montreal: he was replaced by J. A. Moisington and Co. the following year.

18 Vyvyan Holland, *Handcoloured Fashion Plates: 1770 - 1899* (London: B. T. Batsford Ltd., 1955), p. 97.

19 Paul-André Linteau, René Durocher and Jean-Claude Robert, *Histoire du Québec contemporain: de la Confédération à la crise (1867-1929)* (Quebec City: Les Éditions du Boréal Express, 1979), p. 78.

20 See Section III, note 10, p. 67.

21 Not only was *Godey's Lady's Book* advertised for sale in Montreal, but the magazine contained advertising aimed at potential Canadian customers. See for instance *Godey's Lady's Book,* December 1864, inside back cover.

22 *Godey's Lady's Book,* January 1870, p. 100.

23 These journals were first mentioned in pioneer publications on Canadian costume by Eileen Collard; the information contained in these has now been expanded. See for instance *Clothing in English Canada: Circa 1867 to 1907* (Burlington, Ontario: Eileen Collard, 1975), pp. 5, 72. Also see *Guide to Dressmaking and Fancy Work* (Burlington, Ontario: Eileen Collard, 1977), pp. 2 and 3.

24 Because there is a lack of consensus among costume historians and contemporary chroniclers in distinguishing a fashion plate from an illustration, a definition of fashion plate, as used in this text, may be found in the Glossary.

25 Eileen Collard, *Clothing in English Canada: Circa 1867 to 1907* (Burlington, Ontario: Eileen Collard, 1975) p. 5. During a conversation on October 19, 1990, the Ontario author could not further elucidate on the question of American sources for fashion plates in *The New Dominion Monthly*.

26 Because of the small size of *The New Dominion Monthly* image, it is difficult to see whether or not it is an exact duplicate of the New York illustration. However, it is interesting to note that the three figures to the left of this image were reproduced in a slightly simplified form in *Godey's Lady's Book*, July 1872 (opp. p. 25, pls. 7, 8, and 9), two years after their appearance in the *The New Dominion Monthly*.

27 See Section III, p. 59

28 The long time period between the appearance of "Summer Fashions" in the *The New Dominion Monthly* and its possible source in *Harper's Bazar* suggests that the Canadian publication may not have been terribly current. Its publisher, John Dougall, was interested in dress reform which was generally antithetic to fashion. Indeed in 1876 he published a book in Montreal on this type of reform - *Dress and Health, or How to be Strong: a Book for Ladies* (Montreal: J. Dougall, 1876).

29 For instance, in *The New Dominion Monthly* of January 1870 (p. 57) there is a discussion of a new style of "cloud", a characteristic Montreal winter head-scarf, in the fashion news. In December of 1869 (p. 49) a columnist writes, "with December come in the fashions of France, England and the States". It is noteworthy that now the influence of American fashion in Montreal is being included with that from France and England.

30 Both the February 1872 and July 1872 fashion plates were found folded, but not bound, in copies of *L'Album de la Minerve* on deposit in the Collections spéciales, Université de Montréal.

31 J. Russell Harper, *Early Painters and Engravers in Canada*, vol. 2 (Toronto: University of Toronto Press, 1970), p. 64. There is a black and white fashion image to the left of the coloured fashion plate in the July 1872 *L'Album de la Minerve* (description, p. 414) which is not signed and may also be by Marion. On the other hand we have another illustration signed by this Montrealer in *L'Album de la Minerve*, this time of a fashionable lady. The print is clearly signed in script by the illustrator-engraver: "Sc" follows his name. The image is featured on the cover of a piece of sheet music entitled "Un Rêve d'Or: Valse" inserted independently in the September 1872 issue of *L'Album de la Minerve*.

32 No birth and death dates are known for Deferneville. He is known, however, to have published in *Journal des Demoiselles*, and the *Revue de la mode de 1872*. Raymond Gaudriault, *La gravure de mode féminine en France* (Paris: les éditions de l'amateur, 1983), p. 205.

33 We know that *L'Album de la Minerve* made use of French journals for their fashion plates. See *L'Album de la Minerve*, December 18, 1873, front page. Also the depiction of the bird's feathers in the Montreal image is more detailed than that in *The Englishwoman's Domestic Magazine*; in the copying of fashion plates, details are usually simplified rather than elaborated upon. Thus the British journal was probably not the source for the Montreal image.

34 *L'Album de la Minerve*, December 18, 1873, first page.

35 The earliest hand-coloured fashion plate published in Montreal that we know of is entitled "London Fashions for Jan. 1831": it appeared in the *Montreal Monthly Magazine* in March 1831. See Section IV, note 7. The second-to-earliest one identified to date is "Fashions for October 1832".

[34] *L'Album de la Minerve*, 18 décembre 1873, première page.

[35] La plus ancienne gravure de mode coloriée à la main et publiée à Montréal que nous connaissons s'intitule « London Fashions for Jan. 1831 » (Modes londoniennes pour janvier 1831). Elle a été publiée dans le *Montreal Monthly Magazine* de mars 1831. Voir Section IV, n. 7. La deuxième plus ancienne que nous ayons identifiée jusqu'à présent est « Fashions for October 1832 » (Modes pour le mois d'octobre 1832). Voir Section IV, p. 70 et fig. 41. Outre les gravures parues dans *L'Album de la Minerve*, aucune autre en couleurs publiée ultérieurement n'a été identifiée.

[36] Voir par exemple *Godey's Lady's Book*, janvier 1872, n.p.

[37] *L'Album de la Minerve*, mars 1872, p. 151. On peut constater la lourdeur du style des reproductions publiées dans *L'Album de la Minerve* en comparant deux modèles parus dans le numéro du 1er janvier 1872 (n.p.) de cette publication avec des reproductions de ces deux mêmes modèles parus huit mois plus tard dans *Godey's Lady's Book* de septembre 1872 (p. opp. à la p. 209; fig. 1 et 2). Dans la publication montréalaise, la ligne des images gravées est beaucoup moins délicate que dans le magazine de Philadelphie. Le fait que les images aient été publiées beaucoup plus tard dans le magazine américain est aussi digne d'intérêt, car cela indique qu'une gravure de mode française était probablement à la source des deux images.

[38] On peut trouver ces gravures de mode dans les numéros suivants de *L'Album de la Minerve* : août 1872, p. 472; septembre 1872, p. 536, 538; novembre 1872, verso d'une feuille volante avec patron; 13 mars 1873, p. 173; 3 avril 1873, p. 220, 221; 15 mai 1873, p. 327; 17 juillet 1873, p. 482.

[39] Raymond Gaudriault, *op. cit.*, p. 75, 76.

[40] *L'Album de la Minerve*, 18 décembre 1873, page couverture. L'attribution à Colin n'est toutefois encore qu'hypothétique. Il serait intéressant de comparer le style de l'artiste dans les gravures qu'elle a publiées dans des journaux parisiens (où elle signe du nom de son mari, Leloir) avec les images signées « H. Colin » figurant dans *L'Album de la Minerve*. Pour une liste partielle de ces publications parisiennes, voir Gaudriault, *op. cit.* La majorité de ces journaux sont cependant rares et difficiles à se procurer. Il est par exemple impossible d'obtenir en Amérique du Nord les numéros correspondant aux années qui nous intéressent de *Le Follet*, publication qui contenait des gravures de mode d'Héloïse Leloir. Voir la *Union List of Serials*, 3e éd., vol. 2, C-G, p. 1590. Il est aussi intéressant de noter qu'un certain « C. Colin » était actif à Montréal en 1871. Voir J. Russell Harper, *op. cit.*, vol. 1, Toronto, University of Toronto Press, 1970, p. 71.

[41] Les journaux montréalais faisaient souvent de la publicité pour *The Illustrated London News*. Voir par exemple *Montreal Gazette*, 9 mai 1846.

[42] Conversation avec Rosemary Haddad, bibliothécaire en chef, Livres rares et conservation des documents, Centre Canadien d'Architecture, 12 décembre 1990. Elle avait alors exprimé certaines réserves sur l'identification du véritable procédé de reproduction. La technique est difficile à résumer. Pour de plus amples renseignements, voir Bamber Gascoigne, *How to Identify Prints*, New York, Thames and Hudson, 1986 p. 41, a, b, c, d.

[43] *Victorian Fashions and Costumes from Harper's Bazar: 1867-1898*, éd. Stella Blum, New York, Dover Publications Inc., 1974, p. V. Il est intéressant de remarquer que le titre du magazine américain s'épelait « *Harper's Bazar* » au dix-neuvième siècle, sans doute sous l'influence de la publication allemande *Der Bazar*.

[44] Les dernières gravures de mode du *Canadian Illustrated News* ont été publiées dans les numéros du 11 août et du 29 septembre 1883 (p. 92, 93, 204, 205). Elles illustraient des patrons qui pouvaient être commandés de Londres et sont donc probablement d'origine britannique.

[45] Des gravures identiques à celles du *Canadian Illustrated News* apparaissent dans *L'Opinion Publique* du 16 octobre 1873, du 19 mars 1874, du 14 décembre 1876, du 24 juillet 1879 et du 17 mai 1883. Les mêmes gravures ont été publiées dans *Canadian Illustrated News* du 11 octobre 1873, du 14 mars 1874, du 9 décembre 1876, du 19 juillet 1879 et du 19 mai 1883.

[46] Vyvyan Holland, *op. cit.*, p. 117.

[47] Voir Section IV p. 70 et fig. 41, 43, 44.

[48] René Konig, *À La Mode: On the Social Psychology of Fashion*, tr. de F. Bradley, New York, The Seabury Press, 1973, p. 57.

[49] Le Theatre Royal a été inauguré en 1825. Voir William Henry Atherton, *Montreal: 1535-1914*, vol. 2, « Under British Rule: 1760-1914 », Montréal, S. J. Clarke Co., 1914, p. 362.

[50] *The Montreal Museum or Journal of Literature and Arts*, août 1833, p. 575. La mention d'un théâtre comme lieu où l'on peut admirer les derniers styles en vogue est digne d'intérêt.

[51] Elinor Kyte Senior, *Roots of the Canadian Army, Montreal District: 1846-1870*, Montréal, Society of the Montreal Military and Maritime Museum, 1981, p. 108.

[52] *Canadian Illustrated News*, 2 février 1878.

[53] *Ibid*, 28 février 1878.

[54] Madeleine Delpierre, *Le costume - Consulat-Empire*, Paris, Flammarion, coll. « La grammaire des styles », 1990, p. 9. Les illustrateurs de mode ont pu également réinterpréter les costumes illustrés dans les portraits des personnes à la mode. Voir par exemple la réinterprétation, dans Galerie des Modes de 1784, de la robe de Marie-Antoinette peinte par Élizabeth Vigée-Lebrun dans *Marie-Antoinette en gaulle*, datée de 1783. Voir *Eighteenth Century French Fashion Plates in Full Colour: Sixty-four Engravings from the "Galerie des Modes", 1778-1787*, éd. Stella Blum, New York, Dover Publications Inc., 1982, pl. 39. Voir aussi François Boucher, *Histoire du costume en Occident de l'Antiquité à nos jours*, Paris, Flammarion, 1965, pl. 747. Les robes des gravures de mode européennes étaient souvent conçues par des couturiers. Voir par exemple dans le *Petit Courrier des Dames*, septembre 1832 (fig. 42) les robes créées par Madame Céliane Martin.

See Section IV, p. 71 and fig. 41. No later coloured example than the ones in *L'Album de la Minerve* has been identified to date.

[36] See for instance *Godey's Lady's Book*, January 1872, n.p.

[37] *L'Album de la Minerve*, March 1872, p. 151. An insight into the heavy-handed copying style seen in *L'Album de la Minerve* can be obtained through a comparison of two fashion figures in *L'Album de la Minerve* of January 1, 1872 (n.p.) with renditions of these same two figures published eight months later in *Godey's Lady's Book* of September 1872 (opp. p. 209, figs. 1 and 2). The line of the engraved images in the Montreal journal is much heavier than that in the Philadelphia publication. The much later publication date in the American magazine is also of interest, the ultimate source for both images probably being a French fashion plate.

[38] The fashion plates can be found in *L'Album de la Minerve* as follows: August 1872, p. 472; September 1872, pp. 536, 538; November 1872, reverse side of loose pattern page; March 13, 1873, p. 173; April 3, 1873, pp. 220, 221; May 15, 1873, p. 327; July 17, 1873, p. 482.

[39] Raymond Gaudriault, *op. cit.*, pp. 75 and 76.

[40] *L'Album de la Minerve*, December 18, 1873, front page. However, the case for a Colin attribution is still only in the realm of possibility. It would be instructive to compare the artist's style as seen in work published in Parisian journals (where she assumes the name of her husband, Leloir, in her signature) with the "H. Colin" images in *L'Album de la Minerve*. For a listing of some of these Parisian publications, see Gaudriault, *op. cit.* However many of the journals are rare and difficult of access. For instance, *Le Follet*, a publication which included fashion plates by Héloïse Leloir, is not available for the relevant years in North America. See the *Union List of Serials*, 3rd ed., vol. 2, C-G, p. 1590. It is also of interest that there was a "C. Colin" active as an artist in Montreal in 1871. See J. Russell Harper, *Early Painters and Engravers in Canada*, vol. 1 (Toronto: University of Toronto Press, 1970), p. 71.

[41] *The Illustrated London News* was frequently advertised for sale in Montreal newspapers. See for instance *Montreal Gazette*, May 9, 1846.

[42] Conversation with Rosemary Haddad, Head, Rare Books and Preservation, Canadian Centre for Architecture, December 12, 1990. At this time she expressed some reservation regarding the identification of the actual reproductive process. Its technology is a difficult one to summarize. For information on it see Bamber Gascoigne, *How to Identify Prints* (New York: Thames and Hudson, 1986), p. 41, a,b,c,d.

[43] *Victorian Fashions and Costumes from Harper's Bazar: 1867-1898*, ed. Stella Blum (New York City: Dover Publications Inc., 1974), p. V. It is interesting to note that the title of the American magazine was spelled "Harper's Bazar" during the nineteenth century, doubtless influenced by the title of the German publication *Der Bazar*.

[44] The last fashion plates to appear in the *Canadian Illustrated News* were published in the August 11 and September 29, 1883 issues (pp. 92, 93, 204, 205). They served as illustrations for garment patterns which could be ordered from London, thus they are probably of British derivation.

[45] Plates identical with those in the *Canadian Illustrated News* appeared in *L'Opinion Publique* October 16, 1873; March 19, 1874; December 14, 1876; July 24, 1879; and May 17, 1883. For duplicates, see the *Canadian Illustrated News* October 11, 1873; March 14, 1874; December 9, 1876; July 19, 1879; and May 19, 1883.

[46] Vyvyan Holland, *op. cit.*, p. 117.

[47] See p. 71 and figs. 41, 43 and 44.

[48] René Konig, *À La Mode: On the Social Psychology of Fashion*, tr. F. Bradley (New York: The Seabury Press, 1973), p. 57.

[49] The Theatre Royal dated from 1825. See William Henry Atherton, *Montreal: 1535-1914*, vol. 2 "Under British Rule: 1760-1914", (Montreal: S. J. Clarke Co., 1914), p. 362.

[50] *The Montreal Museum or Journal of Literature and Arts*, August 1833, p. 575. The acknowledgement that a theatre was an arena for viewing the latest styles is of interest.

[51] Elinor Kyte Senior, *Roots of the Canadian Army: Montreal District 1846-1870* (Montreal: The Society of the Montreal Military and Maritime Museum, 1981), p. 108.

[52] *Canadian Illustrated News*, February 2, 1878.

[53] *Ibid*, February 28, 1878.

[54] Madeleine Delpierre, *Le costume - Consulat-Empire* (Paris: La grammaire des styles, Flammarion, 1990), p. 9. Fashion artists may also have reinterpreted clothing seen in portraits of acknowledged fashion leaders. For example, see the gown in Elizabeth Vigée-Lebrun's *Marie-Antoinette Wearing a Gaulle*, 1783, reinterpreted in the Galerie des Modes in 1784. See Stella Blum, ed., *Eighteenth Century French Fashion Plates in Full*

Colour: Sixty-four Engravings from the "Galerie des Modes", 1778 - 1787 (New York: Dover Publications, Inc., 1982), pl. 39. Also see François Boucher, *20,000 Years of Fashion: The History of Costume and Personal Adornment* (New York: Harry N. Abrams, n.d.), pl. 747. Often the gowns in European fashion plates were designed by dress-makers. See, for instance, those created by Madame Céliane Martin in the *Petit Courrier des Dames*, September 1832 (Section IV, fig. 42).

Épilogue

D ans la publication *Formes et modes*, nous avons sondé l'importance de l'autodéterminisme dans l'évolution de la forme à la mode à Montréal au dix-neuvième siècle, et avons attribué une part du phénomène de la mode à une action collective. Dans l'examen de ce phénomène, nous avons pris en considération le rôle de la gravure de mode et porté une attention particulière à certains aspects de la gravure telle qu'on la retrouvait à Montréal à cette époque.

Il ressort de cette étude l'impression générale que les Montréalais étaient alors extrêmement élégants. La « dame » du milieu du dix-neuvième siècle représentée dans les portraits photographiques du studio Notman était assurément très à la mode. En outre, le délai entre la publication d'une gravure européenne et sa reproduction à Montréal était généralement court, surtout au milieu du dix-neuvième siècle. Chose certaine, il n'était pas aussi long qu'entre la parution d'une gravure européenne et sa reproduction aux États-Unis. Nous avons pu constater, à la lumière d'illustrations publiées dans *Canadian Illustrated News*, que la mode d'ici pouvait être à la fine pointe, sinon à l'avant-garde de la mode.

La preuve de l'utilisation, aux États-Unis, d'intermédiaires assurant la distribution des illustrations de mode européennes explique en grande partie le laps de temps qui, au milieu du dix-neuvième siècle, s'écoulait entre la publication de gravures américaines ou canadiennes et des gravures originales européennes[1]. Cette pratique avait bien entendu pour effet de retarder l'assimilation d'un style européen chez nos voisins du Sud, ce qui nous permet d'avancer l'hypothèse que les Montréalais consultaient probablement davantage les journaux britanniques (ou même français) plus à jour que les publications américaines également disponibles dans la ville[2]. Cela semble le résultat naturel des liens étroits qui unissaient le Canada à l'Europe. Au dix-neuvième siècle, les relations économiques avec l'Angleterre étaient particulièrement solides, puisqu'elles s'étaient instaurées immédiatement après la dissolution de la Nouvelle-France[3]. Les textiles étaient alors importés de façon massive et une grande quantité des biens importés à Montréal étaient britanniques[4]. Les tissus utilisés provenant d'Angleterre, il était logique que les gravures de mode anglaises servent plus fréquemment de source d'inspiration que les américaines. Ce n'est que plus tard que les Montréalais ont démontré un intérêt particulier pour la mode en vogue aux États-Unis, par opposition à la mode européenne[5].

L'existence à Montréal de gravures de mode françaises, sous la forme d'épreuves originales ou de reproductions, aurait permis aux Montréalais d'être davantage au fait des derniers caprices de la mode. L'acceptation probablement empressée de ces nouveaux styles, particulièrement par la population francophone sûrement aussi consciente de la mode que la population parisienne, aurait contribué à hisser Montréal au rang des capitales de la mode. Vers la fin du siècle, le journal *La Presse* résumait en ces termes élogieux le rôle du dessin de mode français à Montréal : « C'est une gloire parisienne qu'il sert : il aide à la diffusion de la mode et en assume la suprématie[6]. »

---

[1] Voir Section III, n. 10.

[2] Pour une liste des journaux de mode du dix-neuvième siècle, y compris les journaux britanniques, voir Vyvyan Holland, *Handcoloured Fashion Plates: 1770-1899*, Londres, B. T. Batsford Ltd., 1955, p. 58-63, 75-88, 111-131 et 145-151. Bien qu'un seul journal britannique soit indiqué à l'Annexe A, il ne fait aucun doute que d'autres journaux étaient distribués à Montréal à cette époque.

[3] Paul-André Linteau, René Durocher et Jean-Claude Robert, *Histoire du Québec contemporain : de la Confédération à la crise 1867-1929*, Québec, Les Éditions du Boréal Express, 1979, p. 77.

[4] Jean Hamelin et Yves Roby, *Histoire économique du Québec,* Montréal, Fides, 1971, p. 18.

[5] Dans les années 1870 par exemple, *The New Dominion Monthly* utilisait souvent *Harper's Bazar* comme source pour ses chroniques de mode. Voir Section IV, p. 72.

[6] « Comment se fait la mode : tableau parisien », *La Presse*, 17 décembre 1892.

Epilogue

Form and Fashion has focused on the significance of the element of self-determinism in the evolution of fashionable form in nineteenth-century Montreal, and on the fashion phenomenon as being partially a collective creation. A discussion of the latter process has included the role of the fashion plate, with particular emphasis on aspects of its existence in nineteenth-century Montreal.

Emerging from this study is the overall impression that Montrealers of the period were highly fashionable. Certainly the mid-nineteenth century "lady" in the Notman portrait photographs seems to have been extremely modish. In addition, evidence indicates that the time-lag between the appearance of a Montreal fashion plate and its European source, specifically during the mid-nineteenth century, seems generally to have been short. It was certainly not as long as the time-lag observed between Europe and the United States. Indications that local fashion reporting could be extremely up-to-date, or even avant-garde, have been revealed by visual evidence in the *Canadian Illustrated News*.

The difference in mid-nineteenth-century time-lags between American or Canadian and European fashion plates has been principally explained through evidence of the use in the United States of intermediary distributors of the European fashion illustration.[1] This would of course have retarded the absorption of a European style in that country. Yet it is also a reflection of the fact that Montrealers probably consulted the more up-to-date British fashion journals (or perhaps even French ones), rather than the American ones which were also available.[2] This would seem a natural result of Canada's close ties with Europe. Economic relations with Britain in the nineteenth century were particularly close, having begun immediately after the dissolution of New France.[3] Textile importation was especially strong in the mid-nineteenth century, a period when a large proportion of the goods imported to Montreal were British.[4] When dealing with imported British fabric, it would have been logical to turn more often to a British fashion plate for inspiration, rather than an American one. It was later that Montrealers showed a particular interest in fashion south of the border as distinct from that of Europe.[5]

The presence of French fashion plates in Montreal, either in the form of the original print or in copies, would have increased awareness of the latest fashionable form. The probable eager acceptance of these new styles, especially by members of a francophone population surely as style-conscious as that of Paris, would have heightened the modishness of Montreal. Near the end of the century *La Presse* glowingly summarized the role of the French fashion plate in Montreal. "It is devoted to Paris's crowning glory: it helps to spread fashion news, and takes a leading role in doing so."[6]

[1] See Section III, note 10.

[2] For listings of nineteenth-century fashion journals, including British ones, see Vyvyan Holland, *Handcoloured Fashion Plates: 1770-1899* (London: B. T. Batsford Ltd., 1955), pp. 58-63, 75-88, 111-131 and 145-151. Although only one British journal is listed in Appendix A, there were undoubtedly others available in Montreal at the time.

[3] Paul-André Linteau, René Durocher and Jean-Claude Robert, *Histoire du Québec Contemporain: De la Confédération à la crise* (1867-1929) (Québec City: Les Éditions du Boréal Express, 1979), p. 77.

[4] Jean Hamelin and Yves Roby, *Histoire économique du Québec* (Montréal: Fides, 1971), p. 18.

[5] For instance, in the 1870s *The New Dominion Monthly* often used *Harper's Bazar* as a source for its fashion news. See Section IV, p. 73.

[6] "Comment se fait la mode: tableau parisien", *La Presse*, December 17, 1892.

Annexe A

Liste partielle des publications non montréalaises distribuées à Montréal au milieu
du dix-neuvième siècle et contenant des gravures et des chroniques de mode

Publications	Années de publication	Source attestant la distribution à Montréal
NORD-AMÉRICAINES		
The Anglo-American Magazine (Toronto)	1852-1855	Université Concordia; Collection Louis Melzack, Université de Montréal - dépôt des exemplaires
Frank Leslie's Magazine (New York)	1857-1882	*The Montreal Transcript and Commercial Advertiser* – 29 septembre 1864
Godey's Lady's Book (Philadelphie)	1830-1898	*The Pilot* – 25 février et 28 août 1861 · *The Montreal Transcript and Commercial Advertiser* – 29 septembre 1864
Harper's Bazar (New York)	1867-1898	*Daily News* – 20 décembre 1870 (Morgan, « A Decade of Transition », p. 78 et 178)
Peterson's Magazine (Philadelphie)	1854-1871	*The Montreal Transcript and Commercial Advertiser* – 29 septembre 1864
BRITANNIQUES		
The Englishwoman's Domestic Magazine	1852-1877	*The Morning Chronicle* (Québec), 15 juin 1865 (Morgan, « Fashion Plates », p. 109). On présume que cette publication était également distribuée à Montréal.
FRANÇAISES		
Journal du Modes[1]		*The Montreal Transcript and Commercial Advertiser* – 29 septembre 1864
Le Bon Ton	1834-1874	*The Montreal Transcript and Commercial Advertiser* – 29 septembre 1864
Le Monde Élégant	1856-1882	*The Montreal Transcript and Commercial Advertiser* – 29 septembre 1864
Le Monde Illustré (format tabloïd semblable à celui de *L'Opinion Publique*)	1857-1948	*The Montreal Transcript and Commercial Advertiser* – 29 septembre 1864 · *L'Album de la Minerve* – 27 janvier 1872

[1] [sic]. Ce journal est indiqué de cette façon dans l'annonce du *Montreal Transcript and Commercial Advertiser*. Nous n'avons pu établir les dates de publication.

Annexe B

Liste des illustrateurs de mode français dont les œuvres figurent dans
Canadian Illustrated News

Illustrateurs	Dates de parution	Référence pour identification dans Raymond Gaudriault, *La gravure de mode féminine en France*, Paris, Les Éditions de l'Amateur, 1983
Ch. Baude(?) (signatures en majuscules)	18 mars 1876, p. 189, 15 avril 1876, p. 253	p. 204 - Réf. à Cl. Baude
H. Colin (signature en majuscules)	19 juillet 1870, p. 29	p. 205
Héloïse Leloir (née Colin, signatures en script); il s'agit de son autre signature	13 avril 1872, p. 232, 15 février 1872, p. 109 26 avril 1873, p. 269, 28 juin 1873, p. 413	p. 207
Charles frès (signature en script)	19 mai 1883, p. 312, 313	p. 205 - Réf. à Charles (frères)
E. Préval (signatures en majuscules)	27 mars 1875, p. 205, 1er mai 1875, p. 285 31 juillet 1875, p. 77, 30 octobre 1875, p. 285 20 mai 1876, p. 332	p. 208
E. Thirion(?) (signature imprimée difficile à lire)	27 mars 1875, p. 205	p. 209
Anaïs Toudouze (signatures en script)	9 juillet 1870, p. 29, 13 avril 1872, p. 233 28 juin 1873, p. 413, 13 sept. 1873, p. 173 14 mars 1874, p. 173, 24 octobre 1874, p. 269 14 novembre 1874, p. 313, 5 février 1876, p. 92 28 octobre 1876, p. 248	p. 209

Appendix A

A partial list of mid-nineteenth-century non-Montreal publications
available in Montreal containing fashion news and plates

Publication	Years of Publication	Reference substantiating availability in Montreal
NORTH AMERICAN		
The Anglo-American Magazine (Toronto)	1852-1855	Concordia University; Louis Melzack Collection, Université de Montréal - deposit of hard copies.
Frank Leslie's Lady's Magazine (New York)	1857-1882	*The Montreal Transcript and Commercial Advertiser* – September 29, 1864
Godey's Lady's Book (Philadelphia)	1830-1898	*The Pilot* – February 25 and August 28, 1861 *The Montreal Transcript and Commercial Advertiser* – September 29, 1864
Harper's Bazar (New York)	1867-1898	*Daily News*, December 20, 1870 (Morgan, "A Decade of Transition", p. 78, 178)
Peterson's Magazine (Philadelphia)	1854-1871	*The Montreal Transcript and Commercial Advertiser* – September 29, 1864
BRITISH		
The Englishwoman's Domestic Magazine	1852-1877	*The Morning Chronicle,* (Quebec) June 15, 1865 (Morgan, "Fashion Plates", p. 109). It is assumed that this newspaper was also available in Montreal.
FRENCH		
Journal du Modes[1]		*The Montreal Transcript and Commercial Advertiser* – September 29, 1864
Le Bon Ton	1834-1874	*The Montreal Transcript and Commercial Advertiser* – September 29, 1864
Le Monde Élégant	1856-1882	*The Montreal Transcript and Commercial Advertiser* – September 29, 1864
Le Monde Illustré (tabloid size similar to *L'Opinion Publique*)	1857-1948	*The Montreal Transcript and Commercial Advertiser* – September 29, 1864 *L'Album de la Minerve* – January 27, 1872

[1] [sic]. This journal is listed thus in the *Montreal Transcript and Commercial Advertiser* advertisement.
It was impossible to identify the years of publication.

Appendix B

A list of French fashion illustrators whose work appears in the *Canadian Illustrated News*

Illustrator	Dates for CIN Plates	Reference for Identifications in Raymond Gaudriault, *La Gravure de mode féminine en France* (Paris: Les Éditions de l'Amateur, 1983)
Ch. Baude(?) (signatures in block letters)	March 18, 1876, p. 189, April 15, 1876, p. 253	p. 204 - Refers to Cl. Baude
H. Colin (signature in block letters)	July 19, 1870, p. 29	p. 205
Heloïse Leloir (née Colin, signatures in script); this was H. Colin's other signature	April 13, 1872, p. 232, February 15, 1872, p. 109 April 26, 1873, p. 269, June 28, 1873, p. 413	p. 207
Charles frès (signature in script)	May 19, 1883, pp. 312-13	p. 205 - refers to Charles (frères)
E. Préval (signatures in block letters)	March 27, 1875, p. 205, May 1, 1875, p. 285 July 31, 1875, p. 77, October 30, 1875, p. 285 May 20, 1876, p. 332	p. 208
E. Thirion(?) (printed signature not clear)	March 27, 1875, p. 205	p. 209
Anaïs Toudouze (signatures in script)	July 9, 1870, p. 29, April 13, 1872, p. 233 June 28, 1873, p. 413, September 13, 1873, p. 173 March 14, 1874, p. 173, October 24, 1874, p. 269 November 14, 1874, p. 313, February 5, 1876, p. 92 October 28, 1876, p. 248	p. 209

Annexe C

Liste partielle des gravures de mode reproduites à la fois dans *Canadian Illustrated News* et *Harper's Bazar*

Note : La comparaison a été établie entre des gravures tirées d'un lot incomplet d'exemplaires de *Harper's Bazar* en dépôt à l'Université de Montréal, Collections spéciales, et des gravures parues dans *Canadian Illustrated News*. Les gravures en double portent en général des légendes différentes.

Canadian Illustrated News	Harper's Bazar	Remarques
1. « Spring Fashions » 13 avril 1872, p. 232, 233	Gauche : «Ladies' and Children's Spring and Summer Suits» Droite : « Ladies' and Children's Spring and Summer Wrappings » 27 avril 1872, p. 288, 289	Dans les deux publications, les illustrations figurent sur une page double comprenant quatre gravures de mode. Dans le CIN, la même légende apparaît sur les deux pages alors que dans *Harper's Bazar,* chaque page porte un titre différent.
2. « Promenade Costumes »	« Walking Suit with Camargo overdress-front » « Walking Suit with Camargo overdress-back » 15 juin 1872, p. 393	La page du CIN comporte une gravure de mode et des illustrations de coiffures. Dans *Harper's Bazar,* les deux images figurent dans des numéros différents.
« Coiffures » 1er juin 1872, p. 349	« Coiffures for Young and Elderly Ladies » 8 juin 1872, p. 384	
3. « Summer Fashions: Hats and Bonnets » 13 juillet 1872, p. 29	« Summer Hats and Bonnets for Young and Old Ladies », 3 août 1872, p. 509	Quatre illustrations identiques dans les deux publications.
4. « Grosgrain Costume (Back view) »	« Grosgrain Suit - Back »	
« Grosgrain Costume (Front view) »	« Grosgrain Suit - Front »	
« Promenade Costume in Satin and Cachemire (Front view) »	« Silk and Cashmere Vest-Polonaise - Front »	
« Promenade Costume in Satin and Cachemire (Side view) » 12 octobre 1873, p. 236	« Silk and Cashmere Vest-Polonaise - Side » 19 octobre 1872, p. 685	
5. « Fashions for February » 15 février 1873, p. 109	« Ladies' Bonnets and Coiffures » 1er mars 1873, p. 229	
6. « Morning Dresses », 26 avril 1873, p. 269	« Ladies Wrappers », 3 mai 1873, p. 277	
7. « Buff Pongee Dress »	« Buff Pongee Dress - Front »	Ces gravures ont été publiées à la même date.
« Grosgrain Dress in Two Shades of Brown » 7 juin 1873, p. 364	« Grosgrain Dress in Two Shades of Brown - Back », 7 juin 1873, p. 365	
8. « Summer Hats »	« Ladies' Garden Hats » 5 juillet 1873, p. 417	Les deux images de la page 413 du CIN (28 juin 1873) figurent dans le numéro du 5 juillet de *Harper's Bazar,* mais sur deux pages différentes.
« Riding Habits and Costumes » 28 juin 1873, p. 413	« Ladies' Riding Habits » 5 juillet 1873, p. 425	
9. « Summer Fashions » 16 août 1873, p. 109	« Ladies and Children's Bathing Suits » 19 juillet 1873, p. 457	Deux gravures de mode portant la même légende figurent sur la page du CIN; l'une de maillots de bain, l'autre de costumes de promenade. Elles sont publiées séparément dans *Harper's Bazar;* l'une d'elles a été publiée avant son double dans le CIN.
	« Ladies' Walking Suits » 23 août 1873, p. 593	
10. « Fall Fashions and Ladies' Work » 13 septembre 1873, p. 173	« Suits for Ladies and Children » 20 septembre 1873, p. 593	
11. « Fall Styles in Caps and Bonnets » 11 octobre 1873, p. 237	« Ladies' Breakfast and Dress Caps » 25 octobre 1873, p. 685	
12. « Spring Fashions » 14 mars 1874, p. 173	« Ladies and Children's Spring Dresses » 28 mars 1874, p. 208	
13. « Fall Fashions: Indoor Costumes » 24 octobre 1874, p. 269	« Ladies' Winter Dresses » 7 novembre 1874, p. 724, 725	
14. « Ladies Fall Costumes » 14 novembre 1874, p. 313	« Ladies' and Children's House and Street Dresses » 21 novembre 1874, p. 760	
15. « The Fashions » 5 février 1876, p. 92	« Ladies' Ball and Evening Dresses » 12 février 1876, p. 104, 105	
16. « Fall Fashions for Outdoor Wear » 28 octobre 1876, p. 248	Sans titre 4 novembre 1876, p. 712, 713	
17. « Ball Costumes » 17 février 1877, p. 109	« Ladies' Ball Toilettes » 10 février 1877, p. 88, 89	

Appendix C

A partial list of duplicate fashion plates in the *Canadian Illustrated News* and *Harper's Bazar*

Note: The comparison of fashion plates was done from an incomplete run of *Harper's Bazar* in the Collections spéciales, Université de Montréal, and those in the *Canadian Illustrated News*. The duplicate fashion plates in the two publications usually have different captions.

Canadian Illustrated News	Harper's Bazar	Notes
1. "Spring Fashions" April 13, 1872 p. 232 and 233	Left: "Ladies' and Children's Spring and Summer Suits" Right: "Ladies' and Children's Spring and Summer Wrappings" April 27, 1872 p. 288 and 289	In both publications, the illustrations are in a double page spread consisting of four fashion plates. In the CIN the same captions appear on both pages, while in *Harper's Bazar* each page has its own caption.
2. "Promenade Costumes"	"Walking Suit with Camargo overdress - front" "Walking Suit with Camargo overdress - back" June 15, 1872 p. 393	The CIN page features a fashion plate and coiffure illustrations. In *Harper's Bazar* these two images appear on separate pages in separate issues.
"Coiffures" June 1, 1872 p. 349	"Coiffures for Young and Elderly Ladies" June 8, 1872 p. 384	
3. "Summer Fashions: Hats and Bonnets" July 13, 1872 p. 29	"Summer Hats and Bonnets for Young and Old Ladies" August 3, 1872 p. 509	Each of the pages in the two publications has four identical fashion illustrations.
4. "Grosgrain Costume" (Back view) "Grosgrain Costume" (Front view) "Promenade Costume in Satin and Cachemire" (Front views) "Promenade Costume in Satin and Cachemire" (Side view) October 12, 1873 p. 236	"Grosgrain Suit - Back" "Grosgrain Suit - Front" "Silk and Cashmere Vest-Polonaise - Front" "Silk and Cashmere Vest-Polonaise - Side" October 19, 1872 p. 685	
5. "Fashions for February" February 15, 1873 p. 109	"Ladies' Bonnets and Coiffures" March 1, 1873 p. 229	
6. "Morning Dresses" April 26, 1873 p. 269	"Ladies Wrappers" May 3, 1873 p. 277	
7. "Buff Pongee Dress" "Grosgrain Dress in Two Shades of Brown" June 7, 1873 p. 364	"Buff Pongee Dress - Front" "Grosgrain Dress in Two shades of Brown - Back" June 7, 1873 p. 365	These fashion plates appear on the same date.
8. "Summer Hats" "Riding Habits and Costumes" June 28, 1873 p. 413	"Ladies' Garden Hats" July 5, 1873 p. 417 "Ladies' Riding Habits" July 5, 1873 p. 425	The two CIN images on page 413 (June 28, 1873) appear in *Harper's Bazar* July 5 issue, but on two different pages.
9. "Summer Fashions" August 16, 1873 p. 109	"Ladies and Children's Bathing Suits" July 19, 1873 p. 457 "Ladies' Walking Suits" August 23, 1873 p. 593	The CIN page features two fashion plates sharing the same title; one of bathing suits, the other of walking suits. They are published separately in *Harper's Bazar*; one of them appears earlier than its duplicate in the *CIN*.
10. "Fall Fashions and Ladies' Work" September 13, 1873 p. 173	"Suits for Ladies and Children" September 20, 1873 p. 593	
11. "Fall Styles in Caps and Bonnets" October 11, 1873 p. 237	"Ladies' Breakfast and Dress Caps" October 25, 1873 p. 685	
12. "Spring Fashions" March 14, 1874 p. 173	"Ladies and Children's Spring Dresses" March 28, 1874 p. 208	
13. "Fall Fashions: Indoor Costumes" October 24, 1874 p. 269	"Ladies' Winter Dresses" November 7, 1874 pp. 724 and 725	
14. "Ladies Fall Costumes" November 14, 1874 p. 313	"Ladies' and Children's House and Street Dresses" November 21, 1874 p. 760	
15. "The Fashions" February 5, 1876 p. 92	"Ladies' Ball and Evening Dresses" February 12, 1876 pp. 104 and 105	
16. "Fall Fashions for Outdoor Wear" October 28, 1876 p. 248	Untitled November 4, 1876 pp. 712 and 713	
17. "Ball Costumes" February 17, 1877 p. 109	"Ladies' Ball Toilettes" February 10, 1877 pp. 88 and 89	

Annexe D

Liste partielle des gravures de mode reproduites à la fois dans
Canadian Illustrated News et *The Englishwoman's Domestic Magazine*

Canadian Illustrated News

1. « Bathing Toilettes » (signé Anaïs Toudouze)
   9 juillet 1870, p. 29

2. « The Latest Fashions in Ball Dresses » (anonyme)
   28 janvier 1871, p. 60

3. « Summer Fashions » (anonyme)
   1ᵉʳ juillet 1871, p. 8, 9

The Englishwoman's Domestic Magazine

« Bathing or Swimming Costumes » (signé Anaïs Toudouze)
août 1870, près de la p. 65

« Ball Dresses » (anonyme)
mars 1871, près de la p. 129

« Toilets for the Month » (anonyme)
août 1871, près de la p. 65

Appendix D

A partial list of duplicate fashion plates in the
Canadian Illustrated News and *The Englishwoman's Domestic Magazine*

Canadian Illustrated News

1. Bathing Toilettes (signed Anaïs Toudouze)
   July 9, 1870 p. 29

2. The Latest Fashions in Ball Dresses (unsigned)
   January 28, 1871 p. 60

3. Summer Fashions (unsigned)
   July 1, 1871 p. 8-9

The Englishwoman's Domestic Magazine

Bathing or Swimming Costumes (signed Anaïs Toudouze)
August 1870 near p. 65

Ball Dresses (unsigned)
March 1871 near p. 129

Toilets for the Month (unsigned)
August 1871 near p. 65

Glossaire

À DISPOSITION
Motif de bandes, souvent de diverses largeurs, tissé ou imprimé sur un tissu servant à la confection de différentes parties d'une robe, notamment les volants et la garniture.

BARÈGE
Étoffe très légère de laine ou d'un mélange de laine et de soie, de coton ou d'une autre fibre, semblable à de la gaze. Souvent imprimée de motifs floraux.

BASQUE
Prolongation du corsage sous la taille.

BOUILLONNÉ
Bandes parallèles de points qui permettent de froncer le tissu de manière décorative.

BROCART
Riche tissu à motif où le dessin est créé au moyen d'une trame supplémentaire.

BRODERIE BLANCHE
Broderie de fil blanc sur fond blanc.

CAMISOLE
Sous-corsage porté par-dessus le corset.

CARTE DE VISITE
Nouveau type de portrait photographique apparu en France en 1860 et dont la mode s'est ensuite rapidement répandue dans toute l'Europe et en Amérique du Nord. En demande pendant plus de trente ans, il fut désigné « carte de visite ». Montée sur carton, la photographie mesurait 6,3 x 8,9 cm.

COL DROIT
Col qui remonte droit sur le cou.

COL MÉDICIS
Col monté sur fils métalliques dressés à partir des épaules et encadrant ainsi le cou et le visage.

CRINOLINE
Structure composée de cerceaux de baleines, de fils métalliques ou de ressorts, augmentant en volume à partir de la taille, et fixée verticalement au moyen de rubans de tissu.

DENTELLE AUX FUSEAUX
Terme générique désignant une dentelle travaillée aux fuseaux, en os ou en bois, sur un coussin ou un carreau.

DENTELLE -BLONDE
Dentelle aux fuseaux à laquelle le motif soyeux donne un aspect lustré. Peut être blanche, noire ou de couleur.

DENTELLE – CALAIS
Dentelle mécanique exécutée sur métier Leavers et imitant différents types de dentelles.

DENTELLE - CHANTILLY
Dentelle aux fuseaux très délicate au motif souvent floral.

DENTELLE CHIMIQUE
Type de dentelle mécanique. Le procédé consiste à fabriquer une broderie de coton sur un fond en soie, celui-ci étant ensuite dissous par un agent corrosif comme la soude caustique ou le chlore.

DENTELLE – CLUNY
Lourde dentelle aux fuseaux dont le motif est surtout géométrique.

DENTELLE – VALENCIENNES
Fine dentelle aux fuseaux dont le réseau est uniforme, et qui présente habituellement un motif floral rampant.

EMMANCHURE
Ouverture d'un vêtement faite pour adapter une manche.

ÉPAULETTE
Garniture qui orne l'épaule.

FAILLE
Étoffe légère et ferme à côtes plates.

FORME DE TABLIER (EN TABLIER)
Nom donné au devant d'une jupe de dessus lorsque ses coutures latérales sont froncées et soulèvent les côtés afin de créer une forme de tablier. En vogue à la fin des années 1860 et au début des années 1870.

FRONCIS
Plissement du tissu au moyen de fines lignes parallèles de points. Le froncis peut être utilisé pour monter une jupe à un corsage, ou comme garniture où il est alors souvent appelé bouillonné.

GAULLE
Nom donné à une robe simple de gaze ou de mousseline à large ceinture, en vogue de 1780 à environ 1810.

GRAVURE DE MODE
Terme donné à une image représentant une mode actuelle ou future. L'image était traditionnellement produite par gravure sur plaque de métal ou par lithographie. La présente publication contient aussi des images créées par gravure sur bois et reproduites au moyen de diverses techniques lorsqu'elles donnent l'impression de gravures en noir et blanc. En général, les gravures de mode n'étaient pas intégrées au texte.

IMPRESSION CHAÎNE
Effet obtenu dans les tissus tissés en imprimant les fils de chaîne avant le tissage du tissu. Le tissage donne ensuite un aspect flou au motif imprimé.

INCLINAISON À LA GRECQUE
Posture à la mode au début des années 1870 où le buste était légèrement incliné vers l'avant.

JACONAS
Étoffe de coton légère, originellement tissée en Inde.

LANGUETTE
Morceau de tissu plat en forme de langue servant de garniture. Souvent plié ou légèrement rembourré afin de créer un effet tridimensionnel.

MANCHE BALLON
Manche dont l'ampleur entre l'épaule et le coude est de forme sphérique. La partie inférieure de la manche est ajustée. Pour les tenues habillées, le bras est laissé nu. Également appelée manche à bouffant.

MANCHE GIGOT
Manche très ample entre l'épaule et le coude, puis ajustée jusqu'au poignet.

MANCHE «MONTANTE»
Manche dont l'ampleur est froncée à l'épaule de façon que la tête de manche se tienne verticalement, à angle droit avec l'épaule.

MANCHE MOUSQUETAIRE
Longue manche froncée avec souplesse sur toute sa longueur.

MANCHERON
Petite manche ornementale portée par-dessus la manche et cousue dans l'emmanchure de la robe. Également appelé « épaulette » vers la fin du dix-neuvième siècle.

MOIRE
Tissu, habituellement de taffetas ou de soie vergée, dont le motif irrégulier présente des parties mates et des parties brillantes. Également appelé « tissu ondé ».

MOUSSELINE DE LAINE
Étoffe de laine légère dont l'armure rappelle celle de la mousseline, et qui est généralement imprimée.

NUAGE
Foulard de laine oblong servant à protéger la tête en hiver. Il pouvait être porté directement sur la tête ou par-dessus un chapeau.

PASSEMENTERIE
Lourde garniture de broderie en applique agrémentée de galons, de dentelle, de perles, etc.

PÈLERINE
Courte cape terminée à l'avant par de longues basques pendantes.

PLASTRON
Fausse blouse visible à l'avant de la veste ou de la robe.

PORTRAIT « FORMAT ALBUM »
Portrait photographique caractérisé par ses dimensions de 12,7 x 11,4 cm, collé sur carton.

POSTILLON
Partie prolongeant le dos du corsage à partir de la taille, habituellement composée de plis ou de volants.

REVERS
Partie repliée d'un vêtement.

ROULEAU
Morceau de tissu tubulaire, habituellement rembourré. Utilisé pour garnir la ligne d'ourlet d'une robe.

RUCHÉ
Étroite bande ou volant de tissu plissé ou froncé utilisé comme garniture au cou ou au poignet.

SARCENET
Étoffe de soie légère.

TAILLE DE GUÊPE
Silhouette idéale de la femme consistant en une taille mince soulignée par un buste généreux et de larges hanches; la forme générale rappelle celle du sablier. Elle fut en vogue durant la dernière décennie du dix-neuvième siècle.

TARLATANE
Tissu de coton transparent, ressemblant à de la gaze, très chargé d'apprêt.

TOILETTE
Au dix-neuvième siècle, terme désignant un costume féminin au complet.

TOURNURE
Structure, de formes et de matériaux divers, permettant à la jupe de faire saillie à l'arrière, sous la taille.

Glossary

À DISPOSITION
a type of weaving or printing on fabric which features bands, often in varying proportions, for use on different parts of a dress. Much used for flounces and trim.

APRON FRONT
name given to the front of an over-skirt when its side seams are gathered, thus lifting the sides of this part of the garment to create an apron-like form. Popular in the late sixties and early seventies.

ARMSCYE
the armhole of the garment, where the sleeve is fitted to the bodice.

BARÈGE
a sheer gauze-like textile of wool, or wool combined with silk, cotton or another fibre. Frequently printed in floral patterns.

BASQUE
the extension of the bodice below the waistline.

BROCADE
a rich, patterned fabric, where the design is created by a supplementary weft.

BUSTLE
a structure, in a variety of shapes and materials, for making the skirt jut out at the back below the waist.

CABINET PHOTOGRAPH
a portrait photograph characterized by its dimensions of 5" by 4 1/2", glued on a stiff card.

CAGE CRINOLINE
a structure composed of hoops of whalebone, wire or watchspring, expanding in size from the waist down, and attached vertically by fabric tapes.

CAMISOLE
an under-bodice, worn over the corset.

CARTE-DE-VISITE
in 1860 a new style of portrait photograph was introduced in France and soon became popular throughout Europe and North America. It remained in demand for over thirty years under the name of a carte-de-visite (visiting card). The photograph measured 2 1/2" x 3 1/2" and was mounted on a stiff card.

CLOUD
an oblong wool scarf which was used as a headcovering during winter. It could be worn directly on the head or over a hat.

EPAULETTE
ornamental trimming at the shoulder.

FAILLE
firm, lightweight flat-ribbed fabric.

FASHION PLATE
a term given to a fashion image that depicts a current or coming mode. Traditionally produced through engraving on a metal plate or lithography. This catalogue also includes images created through engraving on a wood-block and reproduced using various techniques, if they give the impression of being black and white fashion plates. In general, fashion plates tended to be independent of any surrounding text.

GAUGING
a method of gathering fabric with fine parallel lines of stitches. Used to gather a skirt to a bodice, or as an ornamental detail when it is often called shirring.

GAULLE
name given to a simple gauze or muslin dress tied with a wide sash, fashionable from 1780 to about 1810.

GIGOT SLEEVE
a sleeve with much fullness between shoulder and elbow, and then tapered down to the wrist. Also called a leg-of-mutton sleeve.

GRECIAN BEND
a fashionable stance of the early eighteen-seventies which consisted of a forward stoop from the waist.

HOURGLASS SILHOUETTE
a woman's ideal silhouette, consisting of a small waistline emphasized by a generous bust and hips, the overall effect resembling the shape of an hourglass. It was fashionable during the last decade of the nineteenth century.

JACONET
a lightweight cotton textile, originally woven in India.

"KICK" SLEEVE
a sleeve in which the fullness is gathered at the shoulder so that the sleeve head stands vertically, at right angles to the shoulder.

LACE - BLONDE
a bobbin lace in which the pattern has a silky lustre, giving the characteristic sheen to the lace. May be white, black, or coloured.

LACE - BOBBIN
a generic term for lace made with bobbins, usually bone or wood, on a cushion or pillow.

LACE - CHANTILLY
a very delicate bobbin lace in which the pattern is usually a flower design.

LACE - CLUNY
a heavy bobbin lace in which the pattern is predominantly geometric.

LACE - LEAVERS
a type of machine-made lace which imitated a variety of laces.

LACE - VALENCIENNES
a fine bobbin lace, with an even mesh, usually featuring a trailing floral design.

LACE - "VANISHING" OR CHEMICAL
a type of machine-made lace. Technique involved the manufacture of cotton embroidery on a silk ground, this silk then being dissolved by a corrosive such as caustic soda or chlorine.

LANGUETTE
a flat tongue-shaped piece of cloth applied as a decorative trim; frequently folded or slightly padded to create a three-dimensional effect.

LEG-OF-MUTTON SLEEVE
see gigot sleeve.

MANCHERON
an ornamental over-sleeve stitched into the armhole of a dress. Also known as an epaulette in the later years of the nineteenth century.

MEDICI COLLAR
a collar wired to stand up from the shoulders and thus frame the neck and face.

MELON SLEEVE
a sleeve in which the fullness between the elbow and shoulder is spherical in shape. The lower part of the sleeve is tight, or in the case of formal wear, the arm may be bare. Also referred to as a balloon sleeve or a puff.

MOIRÉ
a fabric, usually taffeta or corded silk, which shows an irregular design of alternating lustrous and dull areas. Also called watered silk.

MOUSQUETAIRE SLEEVE
a long sleeve which is softly gathered all over.

MOUSSELINE DE LAINE
a light-weight woollen fabric with a muslin-like weave, usually printed.

PASSEMENTERIE
heavy trim of appliquéd embroidery embellished with braid, lace, beading, etc.

PELERINE
a short cape finished with long pendant ends in front.

POSTILLON
an extension at the back of the bodice from the waistline downwards, usually constructed with pleats or ruffles.

REVER
a turned-back part of a garment.

ROULEAU
a tubular fabric trimming, usually padded. Used at the hemline of dresses as ornamentation.

RUCHE
a pleated or gathered narrow edging or frill of material used as trimming at the neck or wrist.

SARCENET
a lightweight silk textile.

SELF-FABRIC
same fabric as that of the garment.

SHIRRING
parallel rows of stitching which gather fabric decoratively.

STANDING COLLAR
a collar that stands upright at the neck.

TARLATAN
a transparent, gauze-like cotton fabric, heavily stiffened.

TOILETTE
a nineteenth-century term for a woman's entire costume.

VESTEE
imitation blouse visible at the front of a jacket or dress.

WARP-PRINTED
achieved in woven fabrics by printing the warp threads before the fabric is woven. Subsequent weaving gives a soft, blurred effect to the print.

WHITEWORK
embroidery worked in white thread on a white ground.

Bibliographie choisie · Selected Bibliography

Arnold, Janet
"The Cut and Construction of Women's Dresses." In *La Belle Époque*. Proceedings of the First Annual Conference of the Costume Society, April 1967, edited by Ann Saunders. London: Victoria and Albert Museum, 1968, pp. 26-37.

Boucher, François
20,000 Years of Fashion: The History of Costume and Personal Adornment. New York: Harry N. Abrams, Inc., n.d.

Boucher, François
Histoire du costume en Occident de l'Antiquité à nos jours. Paris, Flammarion, 1965.

Bradfield, Nancy
Costume in Detail: Women's Dress 1730-1930. London: George G. Harrap & Co. Ltd., 1968.

Braudel, Fernand
The Structures of Everyday Life: The Limits of the Possible, vol. 1 of *Civilization and Capitalism: 15th-18th Century*. Trans. and rev. by Siân Reynolds. New York: Harper & Row, 1982.

Braudel, Fernand
Les structures du quotidien : le possible et l'impossible, tome 1 de *Civilisation matérielle, économie et capitalisme, XVe-XVIIIe siècle*. Paris, Librairie Armand Colin, 1979.

Buck, Anne
Victorian Costume and Costume Accessories. The Victorian Collector Series, edited by Hugh Wakefield. London: Herbert Jenkins Ltd., 1961.

Collard, Eileen
Clothing in English Canada: circa 1867-1907. Burlington, Ontario: Eileen Collard, 1975.

Collard, Eileen
Victorian Gothic, circa 1840-66. Part 3 of *The Cut of Women's 19th Century Dress*. Burlington, Ontario: Eileen Collard, 1978.

Collard, Eileen
The Rise and Fall of the Bustle, circa 1867-98. Part 4 of *The Cut of Women's 19th Century Dress*. Burlington, Ontario: Eileen Collard, 1979.

Collard, Eileen
The Vertical Epoch, circa 1800-21; Romance and Sentiment, c.1822-1839. Parts 1 and 2 of *The Cut of Women's 19th Century Dress*. 1st rev. and enlarg. ed. Burlington, Ontario: Eileen Collard, 1980.

Cunnington, C. W., P. Cunnington and C. Beard
A Dictionary of English Costume, London: Adam & Charles Black, 1960.

Cunnington, C. Willett and Phillis Cunnington
Handbook of English Costume in the Nineteenth Century. 2d. ed. London: Faber and Faber Limited, 1966.

Entrikin, Isabelle Webb
Sarah Josepha Hale and Godey's Lady's Book. Lancaster, Pennsylvania: Lancaster Press Inc., 1946.

Focillon, Henri
The Life of Forms in Art. 2nd. rev. ed. New York: Wittenborn, Schultz, Inc., 1948.

Focillon, Henri
Vie des formes. Paris, Librairie Félix Alcan, 1939.

Gaudriault, Raymond
La gravure de mode féminine en France. Paris, les Éditions de l'Amateur, 1983

Gernsheim, Alison
Victorian and Edwardian Fashion: A Photographic Survey. 2nd. rev. ed. New York: Dover Publications, 1981.

Ginsburg, Madeleine
Victorian Dress in Photographs. New York: Homes and Meier Publishers Inc., 1983.

Holland, Vyvyan
Handcoloured Fashion Plates: 1770 - 1899. London: B. T. Batsford Ltd., 1955.

Lang, Kurt and Lang, Gladys Engel
Collective Dynamics. 2d. ed. New York: Thomas Y. Crowell Co., 1963.

Lipovetsky, Gilles
L'empire de l'éphémère : la mode et son destin dans les sociétés modernes. Paris, Éditions Gallimard, coll. « Bibliothèque des Sciences Humaines » 1987.

Morgan, Norma
"Fashion Plates: Sources for Canadian Fashion." *The Journal of Canadian Art History*, vol. no. 52 (1981), pp. 107-111.

Pacht, Otto
"Art Historians and Art Critics - VI: Alois Riegl." *Burlington Magazine*, vol. 15 (1963), pp. 188-193.

Picken, Mary Brooks
The Fashion Dictionary: Fabric, Sewing and Dress as Expressed in the Language of Fashion. New York: Funk and Wagnalls, 1957.

Richardson, Jane and A. L. Kroeber
"Three Centuries of Women's Dress Fashions: A Quantitative Analysis." University of California Publications in Anthropological Records, vol. 5, pp. 111-153. Berkeley and Los Angeles: University of California Press, 1947. Rev. and reprint. in *The Nature of Culture* edited by A. C. Kroeber, pp. 358-372. Chicago: University of Chicago Press, 1955.

Steele, Valerie
Fashion and Eroticism: Ideals of Feminine Beauty from the Victorian Era to the Jazz Age. New York, Oxford: Oxford University Press, 1985.

Steele, Valerie
Paris Fashion: A Cultural History. New York, Oxford: Oxford University Press, 1988.

Triggs, Stanley G.
William Notman: The Stamp of a Studio. Toronto: Art Gallery of Ontario/The Coach House Press, 1985.

Young, Agnes Brooks
Recurring Cycles of Fashion: 1760-1937. New York and London: Harper and Brothers Publishers, 1937.